Estrategia empresarial.

Competitividad e Innovación.
Le gestión de la incertidumbre

Carlos del Ama

Estrategia empresarial.
Competitividad e Innovación. Le gestión de la incertidumbre
Carlos del Ama

Diseño de la cubierta: Equipo de diseño de Universo de Letras
Imagen de cubierta: ©Shutterstock.com

Obra publicada por el sello Universo de Letras
www.universodeletras.com

Primera edición: 2024

ISBN: 9788410265424
ISBN eBook: 9788410277007

7

Prologo

Vivimos en un entorno empresarial cada vez más complejo y desafiante. Los cambios tecnológicos disruptivos, la feroz competencia global, las nuevas demandas de los consumidores y la incertidumbre económica constante se han convertido en la nueva normalidad. En este contexto, la capacidad de **desarrollar una estrategia sólida y adaptativa** se ha vuelto una condición indispensable para la supervivencia y el éxito de cualquier empresa.

Este libro nace con el propósito de ofrecer a emprendedores, directivos y estudiantes de negocios un manual práctico e inspirador sobre estrategia empresarial en el siglo XXI. A lo largo de sus páginas, exploraremos los **conceptos, metodologías y herramientas clave** para desarrollar organizaciones verdaderamente competitivas e innovadoras.

Nos adentraremos en la esencia de **la competitividad** como objetivo primordial de toda estrategia, analizando **los factores críticos** que la determinan, tanto a nivel interno como externo. Asimismo, abordaremos **el papel fundamental de la innovación** como motor de diferenciación, creación de valor y ventajas sostenibles.

Más que un compendio teórico, este libro busca ser **una guía práctica para la acción.** Por ello, los conceptos se ilustrarán con **numerosos ejemplos**, casos de estudio y experiencias reales que he acumulado durante mis años como consultor. También proveeremos herramientas y metodologías concretas y específicas que podrás aplicar inmediatamente en tu propia organización.

La obra se divide en dos partes principales. En la primera, nos enfocaremos en *la competitividad* como eje central de la estrategia, desgranando su significado, factores, métricas y palancas clave. La segunda parte aborda *la innovación* en profundidad, desde la creatividad y generación de ideas hasta su incubación e implementación exitosa.

Mi meta es que, al terminar de leer este libro, cuentes con *una guía clara para diseñar y ejecutar estrategias ganadoras*, y con la motivación necesaria para convertir a tu organización en un referente de competitividad e innovación en tu industria. No encontrarás un modelo de aplicación universal a todos los casos, se trata más bien de *una caja de herramientas listas para ser utilizadas* en cualquier caso concreto.

Si tienes pasión por los negocios y quieres llevar a tu empresa al siguiente nivel, este libro es para ti. Así que prepárate para desafiar tu creatividad, contemplar nuevas perspectivas y, sobre todo, para *convertir ideas en resultados*.

Al comienzo del libro se exponen una serie de reflexiones sobre las empresas y el comportamiento humano, clarificando conceptos y cuestionando algunas ideas que, estando extensamente asumidas con un sentido tradicional, he considerado importante clarificar el significado de algunos de esos conceptos actualizándolos.

Lo más práctico para el lector sería que vaya asimilando los conceptos destacados en negrita en el libro y aprenda a utilizarlos creativamente, de forma que, cuando se enfrente a circunstancias concretas, sea capaz de analizarlas correctamente a fin de *aprovechar con éxito las oportunidades* que le vayan surgiendo y *prevenir satisfactoriamente las amenazas* que pudiesen surgir *mediante la elaboración de* líneas de acción *eficaces*.

Con frecuencia, ilustro algunos de los temas tratados con ejemplos tomados de la historia o de la literatura o cuento alguna anécdota personal que hace referencia al tema citado

Verás que utilizo ***numerosos esquemas gráficos*** que espero faciliten la comprensión de algunos temas y dejen claro, de un vistazo, las relaciones entre diferentes variables. También recurro a unas cuantas ***fórmulas matemáticas*** que utilizo para justificar algunos de mis razonamientos y conclusiones. ***Para aquellos lectores que no sean muy amigos de las matemáticas pueden saltárselas sin problema,*** sin pérdida de la comprensión del texto, a cambio de asumir que lo afirmado como conclusión de cada grupo de fórmulas es lógicamente correcto.

¿Listo para empezar? ¡Comencemos este viaje de descubrimiento y transformación estratégica!

Caminante, son tus huellas
el camino, y nada más;
caminante, no hay camino,
se hace camino al andar.

Antonio Machado

Introducción

La estrategia en un entorno incierto

La buena marcha de una empresa requiere de una gestión eficiente, para lo cual se necesita poder disponer de una *información, interna y externa*, de calidad. Tradicionalmente, la teoría empresarial y la práctica de muchas empresas han venido desarrollando técnicas de gestión vinculadas al proceso de la información, una información que debería estar fuertemente orientada a la *identificación de oportunidades y* la *prevención de amenazas,* pero que suele centrarse en la gestión de recursos, normalmente en busca de una eficiencia creciente en el uso de los mismos, en lucha constante con la ley de los rendimientos marginales decrecientes. Ese enfoque proporciona buenos resultados en un entorno estable. Sin embargo, al acelerarse los cambios, en un entorno donde constantemente se están introduciendo innovaciones, en el que se multiplican las opciones y cambian los gustos, el énfasis, sin dejar de prestar atención a cómo se hace lo que hacemos, hay que ponerlo en qué es lo que deberíamos hacer que no estamos haciendo, con qué recursos debiera contarse que no tenemos y qué métodos debiéramos utilizar que desconocemos. Sin desatender la *eficacia*, se tiene que pensar también en términos de *eficiencia.* Respecto a los recursos, se ha de *pasar de la gestión de los recursos disponibles a la identificación de los necesarios* y cómo lograrlos.

De la estrategia del ajedrecista, con fichas (recursos) predeterminados y un objetivo predefinido a alcanzar sobre un tablero preestablecido e inalterable, dar jaque mate, *se pasa a la estrategia del artista que define su obra sobre un lienzo en blanco,* eligiendo tema, colores, materiales e instrumentos. Es el triunfo de *la creatividad* sobre la lógica, de *la imaginación* sobre la razón y *la innovación* sobre la rutina; sin que se haya de renunciar a ninguna de ellas, razón y lógica quedan al servicio de la imaginación, que siempre ha sido tan fundamental en estrategia, como lo es en el arte.

Todo viaje va precedido de una elección del destino, la selección de la ruta a seguir y del medio de transporte a utilizar. Al igual que los viajes están muy condicionados por las decisiones de partida, **la táctica** empresarial queda muy definida por **la estrategia** que la guía; pero mientras la primera se desarrolla en un proceso que pretende ser conocido y rutinario, la estrategia se enfrenta a un futuro incierto, ante el cual hay que *tornar decisiones creativas* y, a veces, arriesgadas. Sobre el futuro no tenernos datos, a lo sumo estimaciones que obtenernos corno fruto de extrapolar series históricas y de hacer previsiones sobre los efectos y las reacciones más probables ante determinadas situaciones. Tampoco es perfecto el conocimiento que tenernos del presente, entre la información que manejarnos y la realidad a que nos enfrentarnos hemos de descontar un margen de incertidumbre; pero la gran fuente de incertidumbres nos la proporciona el futuro.

Es cierto que hay efectos determinados por causas conocidas que podernos anticipar con certeza, dado que los efectos están predeterminados por sus causas mediante relaciones causales y los resultados de algunas acciones se pueden predecir con suficiente precisión. Pero no es ese el caso cuando, corno ocurre en el mundo empresarial, intervienen voluntades ajenas que toman decisiones que nos afectan, condicionando los resultados de las nuestras. El mercado es un tablero de juego con muchos jugadores.

Fruto de la libertad es la **creatividad**, de la que, en cualquier momento, puede aflorar una *innovación* que afecte a nuestra empresa y sobre la que tendremos que actuar. Una manera de fomentar la creatividad propia es *hacerse preguntas* cuya respuesta se ignora, *la clásica técnica socrática de la mayéutica,* buscando verdades que sacien nuestra ignorancia y nos ayuden a decidir. Recordemos el *solo sé que no sé nada* socrático. La humanidad, en especial en el ámbito de la ciencia, ha progresado gracias a quienes se hicieron ese tipo de preguntas: Cuando *Newton*[1] conoció que *Kepler*[2], utilizando los datos de *Tycho Brahe*[3], había observado que los planetas giraban en torno al sol a lo largo de órbitas elípticas y no circulares como pensaba *Aristóteles*[4], se preguntó ¿cómo podía ser eso?. Respondiéndose a sí mismo que tenía que haber una fuerza que forzase al planeta a seguir esa trayectoria no circular, descubriendo en su respuesta la teoría de la gravedad. Pensó que la fuerza tendría que producir una aceleración que desviase la trayectoria y, a partir de su F= ma, desarrolló la física newtoniana. Finalmente, para poder desarrollar un modelo matemático que permitiese a la teoría confirmar la observación de *Kepler*, necesitaba una herramienta que definiese el cambio de las variables de velocidad, aceleración y trayectoria con el cambio de la fuerza en cada punto, Para ello, tuvo que desarrollar el cálculo diferencial. *Carl Jung*[5] nos dirá que *"los seres humanos tenemos acceso al inconsciente colectivo"*, donde reside todo tipo de conocimientos. Una de las vías de acceso a ese conocimiento global es hacernos preguntas a nosotros mismos que realmente nos interesan contestar, a fin de conocer la respuesta oculta dentro de nosotros, haciéndola consciente. No dejes de intentarlo, te sorprenderás a ti mismo. Los antiguos lo llamaban: *"escuchar la voz de la Musas"* Cuando *Gillette* se bajó del tren, se preguntó ¿Cómo

---

[1]   Newton. Filosofía natural y Principia matemática
[2]   Astronomía Nova
[3]   Catalogó los datos de observaciones de planetas recogidos durante siglos por múltiples civilizaciones
[4]   Pensaba que las órbitas planetarias eran circulares
[5]   La relación entre el yo y el inconsciente. Sincronicidad.

afeitarse en movimiento sin cortarse? La pregunta que se hizo **Edison** fue ¿Cómo pasar corriente por un filamento hasta la incandescencia para que emita luz sin fundirse? Y **Ford**[6] se preguntó ¿Cómo reducir los costes de montaje para poder bajar los precios de los coches?

El ser humano no es movido mecánicamente por ninguna causa, sino que reacciona ante los estímulos en función de sus propios fines personales, siendo sus reacciones tema de sociólogos y psicólogos. Son los efectos de esas reacciones los que interesan a los empresarios por sus implicaciones económicas, pero si las herramientas que éstos manejan se limitan a las desarrolladas por los economistas, no podrán prever ni explicar las acciones ajenas que les afectan, a lo sumo, podrán extrapolar las que se vienen produciendo en análogas circunstancias, con el consiguiente error metodológico. La **incertidumbre** es el resultado del desconocimiento del futuro y de **lo imprevisible** de las reacciones humanas, dado que toda empresa es un proyecto de futuro orientado al servicio de otros seres humanos. Hemos de concluir que dirigir una empresa es cuestión de **descubrir necesidades** y gestionar la incertidumbre. Nuestro principal recurso lo constituye lo posible, y para identificar y **gestionar lo posible,** además de información se requiere **imaginación.** En la gestión empresarial, como en la guerra, hemos de distinguir entre **estrategia** y **táctica.** Son conceptos tomados de la experiencia bélica de la humanidad a lo largo de siglos. *La estrategia se ocupa de la planificación de las operaciones* y *la táctica de su ejecución*. Ambas están entrelazadas por la **logística**, encargada de **conseguir los recursos necesarios** y transportarlos para que estén disponibles en el lugar y momento cuando sean necesarios.

---

[6]   My Life and Work. inventó la línea de montaje en cadena para la fabricación de sus coches.

PARTE PRIMERA

La competitividad como objetivo

Capítulo 1.
Intenciones y decisiones

Las raíces de la Acción Estratégica

Dado que *el hombre es un ser intencional,* sus acciones se encuentran orientadas por *un propósito*, ya sea éste consciente o inconsciente, sea claro o difuso, en ocasiones podría incluso ser inconsciente. Toda empresa, en tanto agrupación de seres humanos con intenciones personales, se mueve por objetivos personales, aunque no siempre estén explícitamente definidos y no siempre son conocidos por todos los miembros de la empresa, pero están *condicionados por la política*, por el poder y prestigio de cada persona dentro de la empresa.

Los economistas clásicos nos repitieron durante años que *el objetivo* último de toda empresa es el de *maximizar sus beneficios* y nos terminaron por convencer de ello, pero ésta *es una hipótesis que no resiste un análisis crítico* ni se corresponde con la realidad. *El beneficio es una restricción.*

En primer lugar, es evidente la existencia de *empresas sin ánimo de lucro* y conocemos instituciones públicas cuyo objetivo bien parece ser contrario al del beneficio, demostrando el error de que el objetivo sea el beneficio. *Las empresas públicas no suelen buscar beneficios* están acostumbradas a contar con el respaldo de los fondos Estado, *el interés de un político es el poder* y, para algunos políticos, a cualquier precio. Nos cuenta **Indro Montanelli**[7], en su Historia de Italia, como los políticos buscan el poder por encima de todo. Como muestra, cita a **Crispi**, un periodista[8] y diputado de esa época y que, años más tarde, llegará a ser Primer Ministro de Italia, que decía y dejó escrito: "*Cuando se avecina el momento de una votación. Los agentes del gobierno recorren las salas y los pasillos, donde acaparar votos. Subsidios, decoraciones, canales, puentes, carreteras, cargos públicos, todo se promete a cambio del voto, incluso algún acto de justicia, negado durante mucho tiempo, es el precio del voto parlamentario*" Fue la clave del sistema de gobierno del entonces Presidente Italiano *Depretis*. Quien gobernaba en minoría pero actuaba como dictador, consiguiendo los votos de parlamentarios de la oposicion que también eran minoritarios. *Pareto* llamó al sistema de gobierno de Depretis *"Dictadura Parlamentaria"*, en la que "*se promete todo a cambio de un voto*". A causa de esas promesas, se produjo, entre otros hechos nefastos, el escándalo de la creación de la red ferroviaria italiana durante el gobierno de Depretris, época en la que se instalaron numerosas líneas secundarias que nunca se utilizaron, pero se hicieron por haber prometido a más de un diputado que el ferrocarril pasaría por su pueblo si daba su voto al Gobierno.

- *El beneficio no debe ser considerado un objetivo, sino una restricción que hay que cumplir* para que la empresa sobreviva. Las empresas necesitan de unos beneficios mínimos para ser viables; pero ese mínimo varía según el tipo de empresa y sus circunstancias. Incluso, mientras que para las empresas privadas el beneficio ha de ser una cantidad positiva, para algunas empresas públicas se acepta un determinado nivel de pérdidas que el Estado esté dispuesto a cubrir.

---

[7] Storia d'Italia. Volumen XXXVI pag. 181
[8] También Musulini era periodista y también llegó a Jefe del Estado

- Los críticos con las tesis clásicas y neoclásicas llegamos a pensar que **el objetivo de toda empresa era la supervivencia**. La idea viene de ***von* Clausewitz**[9], quien afirma que *el objetivo de toda lucha es sobrevivir.* Pero cabría preguntarse: ¿sobrevivir, para qué? Idea también defendida por ***Drucker***[10].

Las empresas, como los seres vivos, aunque busquen su supervivencia, parecen estar condenados a morir. Resulta trágico pensar que, de ser ese, el objetivo para los seres vivos y también para las empresas, la supervivencia eterna resulta inalcanzable. Como para las empresas, su objetivo ha de ser otro, cuyo cumplimiento requiere un margen de supervivencia. Al igual que el beneficio, la supervivencia es una condición para poder alcanzar los auténticos objetivos, que son personales para cada empresario, siendo el beneficio un requisito para la supervivencia. *Tanto el beneficio como la supervivencia son un medio y no un fin.*

Además, es un hecho que hay empresas que se constituyen como un proyecto de vida de sus fundadores y otras se crean con la intención de desaparecer a plazo fijo, con fecha de caducidad, como muchas promotoras que se disuelven voluntariamente, por cese de la actividad, una vez realizada la obra para la que fueron concebidas y otras desaparecen voluntariamente para evitar afrontar responsabilidades futuras. Una práctica común en algunas constructoras civiles. Tampoco buscan la supervivencia las *uniones temporales de empresas,* ni los grupos de viajeros que comparten un mismo autobús en busca de un destino común pretenden seguir juntos después del viaje. Ni la empresa de ***Colon*** para cruzar el Atlántico, ni cada una de las sucesivas coaliciones forjadas para derrotar a ***Napoleón,*** ni el Comité Olímpico de Barcelona, ni la banda de ladrones que asaltó el tren de Glasgow eran empresas con intención de supervivencia una vez alcanzados sus

---

[9]   On War
[10]   El maximizar el beneficio es un objetivo erróneo" Drucker propuso la supervivencia

objetivos: el descubrimiento, la victoria, la gloria, el poder, el deber, el servicio, el bienestar de la familia, el botín o la obra lograda con éxito. Son objetivos personales que motivan a los empresarios a trabajar, al margen del beneficio.

Para sobrevivir hay que ser y ser es ser distinto y único, nadie puede reemplazarnos; para sobrevivir hay que competir siendo uno mismo, diferente, original, distinguiéndote por lo que haces. Lo que toda empresa persigue es hacer bien lo que sea que considera que debe hacer y distinguirse por ello, realizándose en lo que hace siendo ella misma. Es más, a lo que en el fondo aspira toda empresa es a hacer lo que hace lo suficientemente bien como para que merezca la pena que siga siendo hecho por esa empresa y, si es posible, a hacerlo mejor que nadie, a hacerlo con distinción. A lo que toda empresa aspira es a *lograr un nivel de competencia* en lo que hace *que le asegure un grado aceptable de competitividad* que le afiance en lo que es y financie lo que necesite para seguir siendo.

Se trate de una empresa productora, distribuidora, un partido político, una asociación religiosa, un gobierno, una organización delictiva, una nación, un equipo de fútbol o cualquier otro tipo de organización de seres humanos con intereses comunes, todas ellas intentaran optimizar sus competencias a fin de *asegurar su viabilidad* mediante la competitividad, como medida última de su éxito y justificación de su ser. *El beneficio, además de un requisito, es un fruto y medida del bien hacer.*

Existen *objetivos económicos* y *objetivos no económicos*, los económicos son requisitos para que la empresa pueda funcionar, son recursos. El objetivo básico a corto plazo de todo empresario es poder pagar la nómina puntualmente cada mes. Los auténticos objetivos, a largo plazo, no son económicos, son personales. Por ejemplo: El objetivo de Microsoft, según declaraciones de **Bill Gates**, era *"Facilitar que llegase a haber un ordenador en cada mesa de trabajo"*. Para **Ford**[11] su

---

[11] **Henry Ford** Inventó la estandarización de los productos. *Se podrá pedir cualquier color siempre que sea negro.*

objetivo era *"que cada familia americana pudiese comprar un coche"*. Inventando la producción en cadena para reducir los costes y poder bajar los precios de sus automóviles.

Efectivamente, la competitividad permitirá obtener los beneficios necesarios para asegurar la supervivencia requerida, determinando su condición de posibilidad para conseguir sus fines. Para alcanzar sus objetivos, el ser humano necesita tomar decisiones. ***La actividad de determinar objetivos alcanzables*** y tomar las decisiones pertinentes para alcanzarlos ***constituye la estrategia. A corto plazo,*** el objetivo monetario debe ser *alcanzar una rentabilidad de la inversión que sea atractiva para los inversores* y, ***a largo plazo***, el objetivo ha de ser *tener un crecimiento adecuado y saludable que garantice la supervivencia.*

A propósito de **Bill Gates**, me comentaba **Terry Myers**, una compañera de clase de Carnegie Mellon, creadora del sistema informático ***Desk Organizer***, un programa para ordenadores personales que permitía trabajar con varios documentos en pantalla simultáneamente, que recibieron una oferta de compra de su empresa por parte de Microsoft y Bill Gates les pidió el programa fuente de su producto estrella como condición para valorar la empresa de Terry. Lo hicieron y Microsoft les pasó una oferta ridícula que tuvieron que rechazar. A los pocos meses, Microsoft sacó al mercado ***Windows,*** copia, línea a línea, con mínimas rectificaciones, de Desk Organizer. No estaba mi amiga Terry muy contenta con su admirado Bill. En 1985 no era común patentar programas informáticos y Desk Organizer no estaba patentado. ***Todo potencial aliado es un competidor real en tanto no se convierta en aliado.*** En la Primera Guerra Mundial, los italianos estuvieron decidiendo si se unían a los austriacos o a los franceses. El que no fuese aliado sería el enemigo.

El arte de decidir

La encrucijada estratégica

Tres son, según **Kant**[12], las preguntas fundamentales que la humanidad se plantea:

- ¿Qué podemos saber?
- ¿Qué debemos hacer?
- ¿Qué nos cabe esperar?

Cuando un amigo mío, filósofo, comentó estas cuestiones con su novia, ésta le respondió: "La cuestión radical es: ¿Qué me pongo hoy?"

Ella tenía razón, la cuestión más urgente y cotidiana es decidir qué hacer en cada momento. Las preguntas kantianas están implícitas en cada decisión. La pregunta que más frecuentemente se plantea un ser humano a lo largo de su vida es: ¿Y ahora, qué? Responder a esa pregunta equivale a saber qué esperar y, sobre todo, qué hacer. Tomar una decisión, es algo más que elegir entre un conjunto de posibilidades de acción.

¿Qué decido hacer, ahora? ésa es la cuestión decisiva.

Una cuestión metodológica previa a la de ¿qué decidir? es la de ¿cómo decidirlo? Toda decisión comporta un cierto grado de incertidumbre que entraña un determinado riesgo y requiere un método adecuado. El reto al decidir no reside en lograr determinarse por una opción, sino en poder acertar con la decisión tomada. Como toda decisión está dirigida a algún fin, el criterio para valorar el acierto de una decisión está en el logro del objetivo.

La claridad en los objetivos condiciona la calidad de las decisiones. Responder acertadamente a las cuestiones kantianas sobre ¿Qué podemos hacer? ¿Qué debemos hacer? Y ¿Qué nos cabe esperar? supone haber dado una respuesta a la pregunta sobre el para qué de nuestros actos. *El objetivo funcional de toda empresa es su ¿para*

---

12 **Kant**, Crítica de la razón práctica

qué? Su razón de ser. Cada empresa, como cada persona, tiene sus propios objetivos, que son los de sus directivos y socios: Asegurar un trabajo independiente, sacar a la familia adelante, dar un servicio, dejar un buen patrimonio, tener prestigio social...

¿Cómo decidir con acierto?

La labor fundamental de todo ejecutivo es **tomar decisiones,** que, en el fondo, consisten en **escoger entre alternativas** y, para mejor acertar en el proceso de decidir, conviene que las decisiones estén fundadas sobre hechos, para lo cual necesitamos información. *Entre las posibles metodologías de ayuda a la decisión, la más corriente en determinar posibles alternativas y analizar las consecuencias de cada una.* Y, para que esas decisiones sean racionales, hará falta recurrir a la lógica. A veces, todos tomamos decisiones intuitivas o emocionales que no necesariamente han de ser erróneas aunque nos resulten irracionales por impulsivas, dado que, como dijo *Pascal*[13], *"el corazón tiene razones que la razón ignora"*. Habrá que evaluar esas decisiones, pero nunca rechazarlas sin crítica, pues en un impulso puede haber un gran acierto. Las decisiones de los demás se pueden intentar prever, pero, al desconocer nosotros las razones que las motivan, nos resultan imprevisibles, aunque hayan sido racionalmente tomadas. Las previsiones que se hacen sobre posibles decisiones ajenas (de competidores, proveedores, clientes, gobierno...) son sociológicas, inciertas pero motivadas y, en algunos casos, esas motivaciones pueden estar condicionadas por acciones nuestras. La libertad rompe el determinismo de toda cadena causal, es el eslabón elástico de una cadena rígida. Conviene tener claro que *el ser humano no actúa por causas, sino por fines*. Afortunadamente son escasas las voluntades hostiles, pero las hay y hay que tenerlas en cuenta. Los OPAS hostiles son una prueba.

La forma más primitiva de tomar decisiones es la de prueba y error. Cuando carecemos de toda experiencia sobre lo que pudiese ocurrir en determinada circunstancia que nos resulta totalmente desconocida

---

[13] **Pascal**, Pensamientos

y de la que no sabemos qué nos cabe esperar, la alternativa más inmediata para decidir es la de actuar y ver qué ocurre. Una forma menos arriesgada de decidir es la de recurrir a la experiencia y valorar los pros y contras de la acción que se va a acometer, en base a lo que recordamos ocurrió en circunstancias análogas, ya sea a nosotros o a otros. *En la empresa, todo error tiene un coste.*

Dadas las ventajas de este segundo método sobre el anterior, es evidente *la importancia de la experiencia.* Una forma de ampliar la propia experiencia es recurrir al consejo de quien tiene más experiencia que nosotros, ya sea experiencia en general o una experiencia específica sobre el tema concreto que nos atañe. Por consiguiente, una manera de mejorar la toma de decisiones es recurrir al consejo del más viejo de la tribu o al del experto. No conviene medicinarse sin consultar a un médico.

El anciano de la tribu es de esperar tenga más experiencia que nosotros, dado que su vida es más larga que la nuestra y del experto se supone que, al haberse especializado en un reducido ámbito de problemas, se haya enfrentado con más casos que nosotros que guarden cierta analogía con el que nos ocupa. El Senado es, por definición, la Cámara de los Ancianos, de los sabios. Pronto descubrimos que la vida es corta y la experiencia directa que proporcionan edad y especialización suelen ser insuficientes si no se ha recogido el saber proporcionado por la experiencia acumulada de generaciones pasadas. Toda decisión es incierta, pero la experiencia nos permite reducir la incertidumbre en base a situaciones análogas ya vividas por nosotros o por otros, de las que nos han hecho partícipes. La experiencia nos proporciona conocimiento sobre la realidad empírica, un conocimiento capaz de permitirnos anticipar el posible efecto de nuestras acciones. *A falta de experiencia, necesitamos información.*

Para que nuestro **conocimiento empírico** fuese totalmente válido, la realidad debiera ser reiterativa. No lo es al 100%, pero si se dan recurrencias y semejanzas. Contamos con dos métodos para recordar y transmitir nuestra experiencia así como poder conocer la experiencia de otros, esos dos métodos son: *el mito* y *el logos,* la narración simbólica y la descripción racional.

Mediante el mito registramos acontecimientos individuales y frecuentemente ficticios que relatamos como historias ejemplarizantes, mediante la racionalización, analizamos las recurrencias que se manifiestan como similitudes en hechos diferentes, extrayendo leyes generalizables. Mientras la razón estructura las semejanzas, permitiéndonos desarrollar las ciencias, la memoria secuencializa en forma de historia los acontecimientos singulares más relevantes.

La manera más sencilla de recopilar experiencias ajenas a lo largo del tiempo es la narración histórica, siendo la mitología la forma primitiva de acumular temáticamente experiencias históricas y transmitirlas estereotipadas, año tras año, de boca en boca.

El saber acumulado míticamente se puede formular en leyendas, más o menos históricas, o transmitirlo mediante unos mitos, más o menos coherentes, más o menos pedagógicos, o sintetizarlo en concisas reglas prácticas, en forma de dichos, sentencias y refranes, que van nutriendo el saber popular más allá de la propia experiencia. Breves reglas heurísticas de frecuente y general aplicación.

Otra forma de ampliar la base de experiencia, a la vez que se amplía la capacidad de juicio, es la de recurrir a **la discusión en busca del consenso**. El proceso democrático tiene, sin embargo, un problema y es que con la variedad de experiencias y criterios que se contrastan, con lo que se enriquece la experiencia disponible en las memorias de cada uno de los miembros del grupo, se da también una disparidad de objetivos entre los participantes, con lo cual, la solución alcanzada por consenso no garantiza la satisfacción de los objetivos de quien luego tiene que actuar en nombre de todos.

Cuando se participa de un proyecto común, pero no hay acuerdo en los objetivos, hay que tener en cuenta lo que **Edmund Burke**[14] dijo en su discurso de 1774 *"El Parlamento no es un congreso de embajadores de intereses diferentes y hostiles, que deben ser mantenidos por*

---

[14] **Edmund Burke**, filósofo y político irlandés, considerado el padre del liberalismo

cada cual, como agente y abogado, contra otros agentes y abogados, al contrario, el parlamento es una asamblea deliberativa de una nación con un único interés: el del conjunto, en el que no hay propósitos locales, ni prejuicios locales que deban servir de guía, que no sean otros que "el bien general". Lo cual es aplicable a todos los órganos de decisión de una empresa.

Un método mejor **para decidir con acierto es el de obtener información** para anticipar mejores resultados. La historia nos ilustra con numerosos casos en los que esta práctica se ha aplicado, en los que se muestra la eficacia del método. **Los estudios de mercado** son fuente de información valiosa.

Así, en el antiguo Egipto, la decisión de evacuar las zonas habitadas de las orillas del Nilo, antes de una inundación, era una decisión comprometida y critica. Si se evacuaba sin que se produjese ningún desbordamiento del río, se incurría en costosos gastos por las jornadas de trabajo perdidas; pero si no se evacuaba a tiempo, las pérdidas en vidas y enseres eran aún mayores.

La solución que encontraron consistía en predecir con exactitud la fecha de la subida de las aguas. Para ello, el Faraón contaba con una serie de observadores río arriba, que residían en templos a orilla del río dotados de pozos cónicos con una escalera en espiral que se sumergía en el agua, con el objetivo de medir a diario el nivel medido del río en nilómetros. Cada día se contaba el número de escalones que el sacerdote debía descender para recoger agua del pozo, pozo que estaba comunicado con el río por una galería, lo que permitía conocer con exactitud el nivel cubierto por las aguas del Nilo. Diariamente se informaba con señales luminosas transmitidas a lo largo del río, sobre la evolución del nivel. Al superar la corriente una determinada altura de riesgo, se daba la voz de alarma y el Faraón, con gran ceremonial, anunciaba lo inminente del desbordamiento, con lo que se tomaban las medidas necesarias para librarse del peligro. Con cada uno de esos espectaculares aciertos sobre las subidas de las aguas, el prestigio del Faraón, como divinidad, aumentaba,

Otro caso: En la bolsa de Londres, las cotizaciones se veían afectadas por la llegada a puerto de algún cargamento, principalmente los procedentes de la India. Según iban bajando las existencias en la ciudad, las cotizaciones subían, pero, con la llegada de cada barco, los precios volvían a caer y, cuando se recibían noticias de que algún barco esperado se había hundido, los precios se disparaban.

Una de las medidas para anticipar las cotizaciones era la de apostar observadores en la desembocadura del Támesis, que avisasen de la llegada de los diferentes barcos cuya carga se conocía. *Lord Lloyd* [15] decidió "ir más allá" y apostar un barco mar adentro, con lo que su información se anticipaba a la de todos los demás y, al recibir el anuncio de la llegada de un barco, procedía a vender su carga antes de que los precios cayesen con la llegada del barco a puerto.

Otro método eficaz es el de encontrar correlaciones de la variable que nos interesa conocer con otras variables más conocidas.

Este método tiene tres versiones: la mítica y la física y la matemática. A la primera le corresponden *los augurios* y a la segunda *los indicios* y a la tercera *los cálculos*, en el fondo, los tres son variantes de un *método, no siempre científico, de previsión del futuro*.

Antes de fundar una ciudad, los romanos sacrificaban alguna liebre o cualquier otro animal de los que vivían en las inmediaciones de donde se pensaba ubicar la ciudad, le abrían en canal y los augures "leían en sus entrañas" si el sino era o no propicio a la fundación de la ciudad en ese lugar. Es evidente que si los animales del entorno no estaban sanos, la ciudad afrontaba menos posibilidades de prosperar que si lo estaban, pues indicaba un entorno poco saludable. La fuerte correlación existente entre calidad de las entrañas de la víctima y la salubridad del lugar garantizaba la bondad de las aguas, del aire y de los pastos, y con ellos la conveniencia de fundar una ciudad en ese territorio.

La forma que tenían los españoles de elegir el lugar para la fundación de ciudades en el Nuevo Mundo se basaba en datos e indicios:

---

[15] **George Lloyd**. Presidente del Lloyds Banking Group

agua abundante indicaba tierra fértil, caza abundante significaba comida asegurada, lugar elevado suponía terreno defendible, curso de agua caudaloso o costa con abrigo fondeable equivalía a lugar accesible. El augurio no es más que un indicio mitificado y el indicio un augurio fundado en hechos.

En Mesopotamia tenían el mismo problema de inundaciones que los egipcios, pero su solución fue otra. Grandes observadores del cielo, sus habitantes descubrieron que las aguas se desbordaban coincidiendo con determinada posición de las estrellas o estación del año. Para calcular con precisión la evolución de las estrellas desarrollaron una aritmética que les proporcionó un calendario, pasando a aplicar directamente los cálculos sobre la fecha del año y correlacionarlos con la previsión de los desbordamientos. Cuando las correlaciones son recurrentes, sistemáticas y generalizables, estamos en el camino de la ciencia. La ciencia, conjunción de racionalidad y empirismo, se ha forjado un merecido prestigio con sus numerosos logros y aciertos.

El recurso a la ciencia es el método más eficaz que el hombre ha encontrado, hasta la fecha, para decidir con poco riesgo y gran acierto, lo que el futuro nos depara. Como consecuencia, a medida que progresa la ciencia, se abandonan los otros métodos de decisión nada científicos. Es por eso que con cada avance de la teoría económica, menor es el margen para decidir por consenso de opiniones la política económica, ateniéndose a los hechos y lo previsible. El tipo de viga que se ha de colocar en la estructura de un edificio no se somete a votación, sino que se calcula cual debe ser para que aguante el peso. La opinión se reserva al ámbito de lo ignorado, lo que se sabe por ser científicamente demostrable, no es opinable.

La ciencia, con el apoyo de las matemáticas, es el camino más seguro para tomar decisiones que hoy conocemos, pero, por desgracia, no siempre es aplicable la ciencia y nunca a todo. Recordemos que la ciencia requiere que los fenómenos por ella estudiados se den de forma reiterada y sistemática, pero no todo es así y las acciones originales y creativas, por novedosas, frecuentemente no lo son. El paso del mito al logos no es siempre posible.

El economista ***Albert Schaffle***[16] ***distinguía entre hechos y procesos en devenir.*** Los primeros constituyen lo existente y se caracterizan por ser reiterativos, fragmentables y permitir un análisis racional, lo que hace que puedan ser analizados científicamente y tratados burocráticamente. Por el contrario, los procesos en devenir constituyen lo nuevo, son originales y son irracionales, lo que requiere un tratamiento político, tomar ***decisiones por debate,*** sea en grupo o contra uno mismo, hasta alcanzar un consenso o imponer una decisión autoritaria.

Siguiendo con nuestro razonamiento, a la luz de las consideraciones de ***Schaffie***, hemos de concluir que ante hechos que podemos analizar empírica y racionalmente, podemos ***tomar decisiones mecánicas,*** con base en razonamientos científicos, pudiendo ***llegar a automatizarlas***; mientras que ***ante procesos en devenir***, de los que no tenemos experiencia ni antecedentes, ***el enfoque ha de ser estratégico*** y las decisiones políticas. Lo deseable es que, en lo posible, en cualquier caso, los datos sean cuantitativos y las decisiones numéricas.

Otra razón para no poder recurrir a decisiones mecánicas es la intervención, en la secuencia de acontecimientos, de voluntades ajenas, que impiden poder predecir con certeza los resultados de una acción

Las acciones fruto de la libertad personal no son fácilmente predecibles cuando se desconoce la razón que las motivó, porque, como ya vimos, la voluntad no se mueve por causas conocidas sino por fines personales. Por eso es que ***la historia no se prevé, sino que se explica***, dado que es en función de los objetivos logrados por los protagonistas de la historia como podemos vislumbrar las razones que les movieron a actuar como lo hicieron. Los frutos de la política matrimonial de los Reyes Católicos no pudieron predecirse cuando se concertaron los diferentes matrimonios, pero la Historia nos lo explica y justifica a posteriori por los efectos de esas decisiones.

---

[16] **Albert Schaff**. Bau und Leben (Construye y vive)

Nadie sabe si la bolsa subirá o no, pero una vez que suba o baje, muchos podrán explicar, al día siguiente, las razones que motivaron el cambio de tendencia. Nadie sabe lo que hará mañana el gobierno, pero cuando lo haga, alguien habrá que explique por qué lo hizo. La mecánica se analiza y explica desde las causas, la historia y la acción humana, desde sus consecuencias. Es por eso que la histona se escribe desde el presente, por eso se reescribe desde cada presente y por eso la historia es historia, algo ya sido, quedando presente en sus efectos y que se estudia a posteriori mediante el testimonio de sus vestigios y consecuencias. Cuando las consecuencias de nuestra acción dependen de las decisiones que libremente puedan tomar otras personas, no es posible encontrar una ley que mecánicamente prediga los resultados.

Soros[17] señala una característica relevante que diferencia a los actos humanos de los hechos naturales: *"Mientras los hechos de la naturaleza ocurren con independencia de las teorías que tengamos sobre las ciencias naturales, los seres humanos actuamos afectados por las teorías que sostenemos sobre las ciencias humanas"*.

Y *a falta de una mecánica* que nos permita un tratamiento burocrático y automatizable de nuestras decisiones, tendremos que ingeniar *una estrategia* que reduzca el riesgo de nuestras acciones, mejorando el acierto de nuestras decisiones. ***La calidad de la información de partida condicionará los resultados.*** La ayuda que la Inteligencia Artificial ofrece para mejorar la calidad de las decisiones empresariales o personales será definitiva para mejorar los resultados de esas decisiones.

---

[17] **Soros**. Presidente del Soros Fund Management

Capítulo 2.
La estrategia

El arte de planificar la victoria

El origen de la estrategia es bélico, dado que es en la guerra donde los riesgos son más altos y, en una batalla, el coste de la imprevisión es cuestión de vida o muerte. En griego, estratega equivale a general. Por eso, los primeros tratados de estrategia y las más conocidas definiciones de estrategia son de origen militar.

Para ***von Clausewitz***[18] , el gran clásico de la estrategia militar, la estrategia consistía en ***"Planificar y coordinar la ejecución de las diferentes operaciones, a fin de cumplir un propósito"***.

El general español Alonso Baguer define la estrategia como ***"el acto de alterar una situación condicionada por el enemigo"***.

Para Baguer, ***"el estratega es un experto en situaciones"***.

Vemos como la determinación de los objetivos queda fuera de la estrategia en ambas definiciones, dándolos por establecidos con anterioridad y como condición del proceso estratégico.

---

[18]   **von Clausewitz**, On War. El libro de von Clausewitz es el libro de texto de estrategia en numerosas academias militares

De hecho, el General Baguer deja claro que *corresponde a la política determinar fines y objetivos* .Yo añadiría a corto y largo plazo. Nuestra reflexión inicial sobre definir objetivos y tomar decisiones como premisas de la acción, se correspondería con las prácticas de la política y la estrategia.

En las empresas se acostumbra a reconocer como base de la estrategia tanto el establecimiento de los objetivos, como las decisiones que deben tomarse para alcanzarlos; por tanto, aunque se admita que la determinación de objetivos sea una tarea política, consideraremos que la política es parte integrante y condicionante de la estrategia empresarial.

En el mundo de la empresa, si bien hay también hechos reiterativos que permiten un análisis científico que facilita tomar decisiones técnicas en algunos aspectos parciales del negocio e instituir procesos burocráticos o políticos en otros. Al ser la vida de la empresa un devenir incierto, toda decisión con *incertidumbre* ha de ir precedida por un proceso estratégico.

En consecuencia, definiremos **la estrategia empresarial** como *el arte de fijarse propósitos y determinar la manera de identificar y movilizar los recursos necesarios con el fin de lograr que los esos recursos estén disponibles, donde y cuando son necesarios, para poder dirigir las operaciones con éxito, con el fin de alcanzar los objetivos deseados incluso frente a voluntades hostiles.*

Los propósitos surgen de contemplar una situación no deseable que pretendemos mejorar. Al analizar la situación hemos de tener en cuenta la coyuntura global, que es función del tiempo, los aliados, los competidores y nuestra propia posición. *Nuestra posición* se ve condicionada por nuestros propios intereses, *los fines* que nos proponemos, *los medios* con que contamos y *la determinación* que tenemos para lograr alcanzar los fines que nos hemos propuesto.

La determinación es el componente dinamizador de nuestra posición y misión, es la voluntad para llevar adelante las *líneas de acción* previstas y el valor moral de aceptar la responsabilidad de las consecuencias de las decisiones adoptadas. *Von Clausewitz* llega a decir que *el objetivo de la lucha es doblegar la voluntad del enemigo*. Sin voluntad no hay acción posible. Una actividad como la empresarial, en la que el resultado de las decisiones propias está condicionado por lo que decidan hacer los proveedores, clientes, bancos, administración pública, competidores y tantos otros relacionados con la empresa, no hay ciencia que determine con certeza la acción a tomar. De ahí el atractivo de ser empresario, de ahí el riesgo, de ahí los posibles beneficios extraordinarios, de ahí la necesidad de la estrategia y la importancia de la creatividad...

Cuando, a finales de la década de los 50, se empezó a reconocer la naturaleza estratégica de la actividad empresarial, *se consideraba que la labor estratégica podía reducirse a una tarea complementaria y preparatoria de la planificación presupuestaria* y al margen del quehacer diario. Las empresas consultoras dedicadas a la estrategia empresarial desarrollaron metodologías para facilitar la planificación estratégica, que incluso aún hoy se siguen utilizando y mejorando y que pueden ser útiles para desarrollar una competencia estratégica adecuada a cada empresa y situación.

La aceleración de las innovaciones y *la creciente turbulencia* en el mundo empresarial hacen que sea mayor y más frecuente la necesidad de tomar decisiones estratégicas, razón por la cual, *de la planificación estratégica esporádica se pasa a la gestión estratégica*, como actividad continua para tratar con los numerosos problemas globales y novedosos, para los que las soluciones estándar o rutinarias no son aplicables y requieren una gestión *ad hoc* en el día a día.

El recurso a la estrategia se hace más acuciante cuantas más son las variables que, afectando nuestro negocio, no está en nuestra mano su control, aumentando el número de incertidumbres que acechan al desarrollo y ejercicio de la acción directiva. Al no depender sus efectos sólo de nuestras decisiones, sino también del comportamiento de numerosos actores ajenos a nosotros, y la mayoría anónimos, más imprevisibles son esos efectos. Ocurre como en la guerra, donde el curso de la batalla no se desarrolla a las órdenes del mando propio sino que también está en función de lo que pueda ordenar a sus tropas el enemigo, de la disponibilidad de nuestros propios recursos, de la adecuación de esos recursos al tipo de acción que se desarrolla, de la acción de los aliados, de los recursos del contrincante, de su habilidad para utilizarlos y de sus objetivos.

Entre los aliados, distingue el **General Baguer** *dos actitudes: la de* **dominante** *y la de* **sumiso,** añadiremos nosotros la de **cooperante**. Diferenciando entre los competidores (él habla de los enemigos), en qué actitud se encuentran o si están pasando de una actitud hostil a una actitud de conciliación y colaboración. Es muy diferente contar como aliado a una multinacional de la que somos un pequeño distribuidor local y de la que dependemos en gran medida, que tener por aliada a una filial nuestra, que tratar de colaborar con una empresa con una actividad complementaria a la nuestra, que además sea propiedad de nuestra empresa o de un socio común. Lo mismo ocurre entre tener un competidor con quien frecuentemente formamos uniones temporales de empresas y estamos considerando llegar a una posible fusión o tener competidores a quienes continuamente estamos compitiendo y nos están disputando clientes.

La sabiduría ancestral

Lecciones de la tradición Indo-Europea

Cuenta la tradición indoeuropea que, mientras los grandes dioses Indo-europeos luchaban entre ellos en la más terrible de las guerras, un grupo de dioses menores decidió sentarse a analizar las causas de la guerra. Observaron que cada dios quería para sí lo que los otros dioses poseían. Así, el dios de la belleza deseaba la sabiduría, el dios de la sabiduría quería el poder, el dios de la fuerza quería la belleza y todos luchaban entre sí para arrebatar a los otros lo que de ellos deseaban.

Los dioses menores decidieron no luchar y compartir sus dones: Cada cual decidió poner a disposición de los otros sus atributos cuando algún compañero pudiera necesitarlos y beneficiarse de los atributos de los demás cuando los precisasen. Astucia, ingenio, habilidad, agilidad y otras muchas dotes fueron compartidas por todos ellos.

Mientras los grandes dioses padecían con sus luchas, los dioses menores prosperaron en su concordia. Al final, todos los grandes dioses decidieron seguir el ejemplo de los dioses menores y acordaron colaborar en vez de luchar entre ellos. Lo que, según cuenta la leyenda, celebraron con un gran banquete.

El gran descubrimiento de los fundadores de la Unión Europea fue el de prescindir de la *"acción de dominio"* y promocionar la *"acción comunicativa"* para resolver sus diferencias. La "acción de dominio" es el modo mediante el cual nos relacionamos con las cosas, necesitamos dominar las cosas para poder servirnos de ellas. Las cosas son herramientas que ponemos a nuestro servicio, pero las personas no somos cosas.

Tratar de utilizar a los demás como cosas lleva a la confrontación y, en último término, a la agresión y la guerra.

La *"acción comunicativa"*, deberíamos leer a *Habermas*[19] sobre este tema, es el modo racional de relacionarse los seres humanos entre sí, conduce, mediante el diálogo, al entendimiento y la colaboración.

Antes del Tratado de Roma, Europa era la Europa de los dioses de la guerra, la Europa de la "acción de dominio", la Europa de la confrontación. La Unión Europea es la Europa del diálogo, la coexistencia y la colaboración.

La Unión Europea es fruto de la aplicación de la acción comunicativa a las relaciones internacionales.

Lo inteligente es lograr que la actitud cooperante se imponga preferentemente sobre las otras, pero esa actitud debe ser asumida por todas las partes para que prospere y de frutos. *La cooperación* y la acción concertada con otros agentes económicos es un elemento estratégico fundamental. *Dentro de los límites de las leyes antimonopolio,*

---

[19] **Jürgen Habennas**. Teoría de la acción comunicativa. Tauros, Madrid 1987. Ídem. Escritos sobre la moralidad y eticidad. Paidos, Barcelona, 1987.

también hay que considerar la cooperación con los proveedores y con los clientes. Siempre es mejor cooperar que enfrentarse.

Un ejemplo lo tenemos en la práctica del *"Just in time"*, un procedimiento concertado por el que grandes empresas de fabricación acuerdan con sus principales proveedores las fechas en la que van a necesitar los componentes que les compran para incorporarlos durante el montaje a sus productos finales. Para asegurar un aprovisionamiento en plazo, cursan los pedidos con tiempo para que el proveedor pueda planificar su producción en el plazo previsto, a cambio del compromiso de entregarlos a la fábrica en las fechas acordadas. El sistema permite reducir drásticamente los inventarios de componentes.

Respecto a los medios propios, contarnos con los recursos de la empresa (humanos, materiales, financieros y documentales), nuestra capacidad para organizarlos, nuestra capacidad para utilizarlos y la ubicación territorial en la que estamos, con todo lo que ello implica. Como parte de los medios hemos de considerar, junto a los recursos propios, los agentes colaboradores: aquellas personas y entidades que, si bien no pertenecen a la empresa, pueden actuar por cuenta de ella en alguna ocasión. Parodiando a **Ortega**, podríamos afirmar que la empresa es ella y su circunstancia.

Entre los aliados potenciales con quienes conviene llegar a acuerdos, se encuentran los proveedores, los clientes, los socios, las instituciones locales, muy especialmente la banca, la administración pública, las instituciones educativas, los servicios de comunicación y telecomunicación, así como personas relevantes o colectivos que habiten en la zona, pues serán ellos quienes, mayoritariamente, nutran de personal a la empresa y quienes la doten de clientela.

El objetivo de toda alianza es buscar sinergias.

Las Múltiples Caras de la Estrategia

La opinión de los expertos

Para **von Clausewitz,** *hay dos formas de estrategia*: **la defensa** y **el ataque**, *siendo la elección de la forma dependiente de la preparación del momento, circunstancial.*

El **General Baguer**[20] amplia la lista, trasladándola a nivel táctico, para don Miguel, **la táctica puede ser reactiva o proactiva,** según esperemos a que se produzca la acción del enemigo (la competencia) o tomemos la iniciativa, que no siempre ha de ser el ataque. IBM aplicó una táctica reactiva frente a la introducción de ordenadores personales por Apple. El criterio de **Clausewitz** para determinar si la estrategia ha de ser **de defensa o de ataque,** depende según pretendamos defender nuestra posición o tomar posiciones ocupadas por los contrincantes. En grandes ordenadores, la misma IBM adoptó una táctica defensiva frente a sus competidores al defender la exclusividad de sus sistemas operativos. **De acción o de disuasión,** según pasemos a efectuar cambios en la situación o busquemos que el contrincante se inhiba de tomar iniciativas que puedan alterar un *estatus quo* que nos es favorable. Muchas de las tácticas de Microsoft han sido acciones disuasorias hacia sus competidores, como cuando Induráin (famoso ciclista que ganó varios Tours de Francia) lanzaba una mirada paralizante a un contrincante que le intentaba adelantar en plena escalada de algún puerto de montaña. **De choque o de maniobra,** según se busque la confrontación directa o se opte por mejorar las propias posiciones, como hicieron los japoneses cuando decidieron invertir en fábricas situadas en los EE.UU, que les protegiesen de los riesgos de alteración del tipo de cambio del dólar frente al yen y de las restricciones a la importación.

O cuando los norteamericanos decidieron externalizar la producción, llevándosela a países de mano de obra más barata. Como ejemplo de estrategia de choque la encontramos en las fuerzas italianas durante

---

[20] **Alonso Baguer**. Estrategia

la I guerra mundial. *El Mariscal Cardona*[21], al frente de las tropas italianas, declaró que su pensamiento estratégico era: *"Ataque frontal y entrenamiento táctico"* Lo cual llenó de cadáveres las laderas de las colinas del frente austriaco. Finalizada la guerra, un autorizado crítico militar dijo al respecto: "Es aterrador pensar que (esa estrategia) en realidad ha servido como base para las operaciones ofensivas de un ejército en una guerra moderna". Tras la derrota de Caporetto, el Mariscal Cardona fue sustituido al mando de las tropas por el General Díaz, un napolitano de origen español.

La táctica *es el modo de implantar la estrategia. Mientras la táctica contempla la utilización sucesiva de los recursos, la estrategia considera la disponibilidad simultánea de todos los recursos.* La táctica secuencializa y posiciona los recursos, pero para la estrategia, ni el tiempo ni el lugar son restricciones.

Las *tácticas reactivas* parten de la consideración del proceso de evolución y desarrollo de una empresa como un problema de adaptación de la empresa al entorno; por el contrario, las *tácticas proactivas* asumen la posibilidad de adaptar el entorno a las necesidades de la empresa. *Lovestok* ya nos mostró que la vida se adapta a la tierra tanto como el planeta es adaptado a la vida por la propia vida.

Además de definir los objetivos y determinar el sistema de decisión, el otro requisito previo a pasar a la acción es *equiparse con los recursos necesarios* para lograr los objetivos propuestos y asegurarse de que estén disponibles en el lugar adecuado en el momento oportuno. Por tanto, como resultado de *nuestra acción empresarial*, debemos poder identificar los recursos que necesitamos y definir dónde y cuándo los necesitamos y quién nos los puede proporcionar.

Un cambio de estrategia oportuno puede marcar la diferencia entre el éxito y el fracaso. Cuando Italia luchaba por desarrollar

---

[21] **Mariscal Luigi Cadona**. Se formó en la Academia Militar de Milán. Participó en la captura de Roma y fue Jefe del Estado Mayor a partir de 1914. Con escasa experiencia de campo, fue encargado de dirigir la campaña de Regio contra los austriacos en 1914 al frente de 24 divisiones de infantería y 4 de caballería. En las dos primeras semanas de la Ofensiva del Isonza perdió 60.000 hombres

su incipiente industria a lo largo del siglo XIX, la falta de carbón en la península limitaba el desarrollo industrial y especialmente la siderurgia. La decisión fue recurrir a otra fuente de energía local, decidiéndose por el desarrollo de la electricidad, acelerando su producción y distribución. El cambio estratégico de un recurso básico escaso por otro abundante les permitió un desarrollo industrial en productos textiles y de artículos de consumo con gran éxito. Otra innovación italiana de gran impacto estratégico fue descubrir que la línea blanca no tenía por qué ser blanca, siendo los primeros en producir neveras y electrodomésticos de color.

Un ejemplo de estrategia competitiva

La historia de Singer, el icónico fabricante de máquinas de coser, nos ofrece un ejemplo fascinante de estrategia competitiva adaptativa. En sus inicios, Singer se diferenció de sus rivales a través de *innovaciones revolucionarias,* como la introducción de la primera máquina de coser doméstica en 1858. Pero su verdadero golpe maestro fue *la pionera estrategia de la financiación del consumo* que implementó: *el alquiler con opción a compra* y los planes de *pago a plazos.* Esta jugada no solo democratizó el acceso a sus productos, sino que le permitió capturar un enorme mercado de consumidores de bajos ingresos, catapultando sus ventas.

Décadas más tarde, se produjo una gran caída de la demanda de máquinas domésticas. La investigación del mercado que hizo la empresa les mostró que *sus máquinas eran demasiado buenas* y las nietas estaban heredando las máquinas de coser de sus abuelas. Singer volvió a innovar, esta vez con un enfoque que hoy conocemos como *'obsolescencia programada'*. Diseñó máquinas con una vida útil limitada, incentivando la renovación periódica del equipo. A partir de ese momento, las máquinas de coser de Singer se fabricaban con la intención de que no durasen más de 40 años. Otros fabricantes de automóviles o de electrodomésticos copiaron la idea de la obsolescencia programada y muchos productos se hacen hoy para que no superen en uso más allá de 10 años, que en algunos casos, quedaron reducidos a tan solo cinco años. En la actualidad, la obsolescencia se genera mediante *la innovación* y mejora de las prestaciones de los productos, forzando a los consumidores a sustituir los modelos antiguos a fin de poder disfrutar de las nuevas prestaciones. Cosa que vemos patente en el mercado de teléfonos móviles.

El caso de Singer nos demuestra que *la estrategia competitiva no es un ejercicio estático, sino un proceso de adaptación constante a un entorno cambiante*, donde la diferenciación y la innovación continuas son la clave para mantenerse vigente y exitoso a lo largo del tiempo.

Capítulo 3.
La empresa en acción

Anatomía de la ejecución estratégica

La acción humana es la ejecución de la intención de modificar la situación en que encontramos la realidad. En toda acción, nuestra voluntad se debate entre las oportunidades que nos ofrece la realidad y nuestra capacidad para aprovecharlas. Nuestro conocimiento de la realidad se basa en la información que tenemos sobre esa realidad. Frente a ella, nuestra capacidad para la acción se nos manifiesta intencionalmente mediante la visión de lo que pensamos sería deseable lograr y posible realizar, *visión* que es *producto de nuestra imaginación y creatividad.*

La intención se determina entre nuestra percepción de la potencia de cambio que ofrece la realidad y las formas y modos que propone nuestra imaginación para alterar esa realidad, siendo las formas *la imagen* que tenemos *de lo que queremos lograr* y *los modos la visión de cómo lograrlo.* Lo posible es el resultado de la conjunción de la potencia de cambio que apreciamos en la realidad, con las formas y modos propuestos por la imaginación para lograrlo, siendo lo posible la condición de toda acción

Toda acción humana se configura entre la información que tenemos sobre *las posibilidades que nos ofrece la realidad como realizable y de las alternativas que nos presenta nuestra imaginación sobre lo que sería deseable y posible*, según el siguiente esquema:

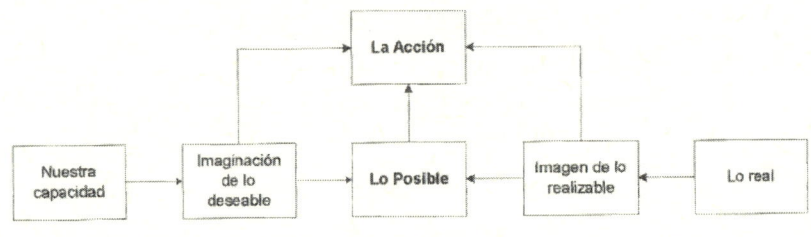

FIg. 1

Nuestra capacidad delimita lo que podríamos lograr en función de los recursos que consideramos necesarios para lograrlo y su disponibilidad, determinando *propuestas de realización* y *requisitos de recursos.*

La realidad ofrece la disponibilidad de sus múltiples recursos junto con la evidencia de carencias y necesidades reales.

La imaginación de las formas y los modos se integra en *una visión de lo deseable como posible,* mientras que la imagen del potencial de lo real se nos muestra en la información que tengamos de lo que es posible en tanto realizable.

Podemos actualizar el anterior esquema con las puntualizaciones hechas hasta aquí, obteniendo el siguiente nuevo esquema:

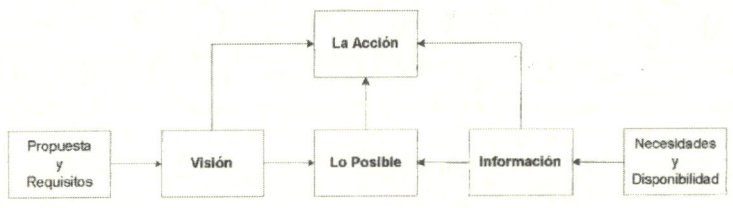

Fig.2

La empresa, a la par que percibe la realidad como dos conjuntos: uno *de necesidades a satisfacer* y otro de *disponibilidades a utilizar*, estructura su visión en otros dos conjuntos: uno de *propuestas* sobre cómo se concibe que podría la empresa satisfacer algunas de las necesidades percibidas y otro de *requisitos* que se precisan para poder atender esas necesidades y que determinan la relación de los recursos necesarios para poder realidad las propuestas. Los requisitos definen las cualidades que deben de buscarse entre las disponibilidades que la realidad ofrece.

El mercado constituye un mecanismo que intenta conciliar, por un lado, las *propuestas* sobre lo que pretendemos hacer, con las *necesidades* que habría que satisfacer y, por otra parte, los *requisitos* de lo que tendríamos que conseguir, con las *disponibilidades* que la realidad nos ofrece, de forma que *la acción humana se desarrolla dentro del ámbito de lo posible,* que se configura como fruto de la dialéctica que se establece entre la *visión* que se tiene y la *información* de lo que se dispone, en busca de un equilibrio entre el mercado de los *factores* y el de los *productos* que permita satisfacer competitivamente el máximo de necesidades. Lo cual podemos expresar de forma esquemática, según la figura adjunta:

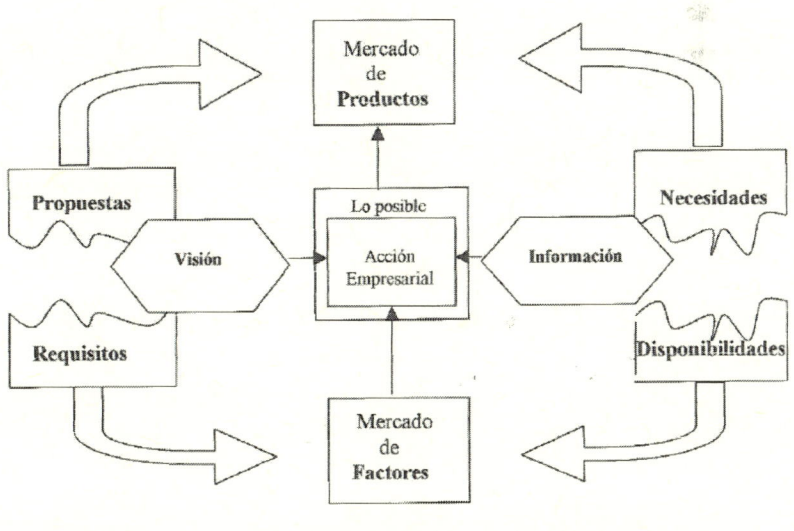

Fig.3

Identificados los factores disponibles que pueden proporcionarnos los recursos de que carecemos y que hemos identificado como requisitos para poder desarrollar nuestras propuestas, Se procede a su captación e incorporación, recurriendo al ***mercado de factores*** mediante operaciones de financiación, compra, reclutamiento, formación y documentación, según se trate de materiales o personal..

Capítulo 4. Los recursos

La sabia de la estrategia

Cuando no se dispone de los recursos necesarios para el desarrollo de la acción empresarial han de ser obtenidos del exterior, de lo que llamaremos el *fondo socio-económico*, del cual se nutre y sobre el que se asienta la empresa y que forma parte del patrimonio cultural, económico y social común del territorio en el que la empresa está instalada. La calidad y riqueza del fondo socio económico de la zona determina las posibilidades locales para proveer la dotación de los recursos que necesita la empresa para realizar sus planes.

Analizando los factores necesarios, encontramos que se agrupan en cuatro clases de recursos (ver fig. 4):

Humanos, Físicos, Financieros e Información

En los recursos humanos hemos de considerar:
Al personal. Evaluando su capacitación (aptitudes) y su educación (actitudes).

- *El personal* se diferencia por su edad, estado civil, sexo, salud, calificaciones, nacionalidad, grado de motivación e interés por el trabajo, capacidad de comunicación, aspecto físico y capacidad de aprendizaje. Son factores que no deberían ser criterios discriminantes, pues alguno de ellos puede ser relevante para algún tipo de trabajo concreto. Los cambios tecnológicos hacen que la formación del personal, en estos tiempos, ha de ser permanente

- *La capacitación* determina el nivel tecnológico del capital humano, el cual es función de la formación, la experiencia, la habilidad y la inteligencia de cada persona.
- *La disponibilidad* determina el nivel técnico, los valores, la capacidad de colaboración, la disciplina, la iniciativa, la laboriosidad, la honradez, la comunicabilidad y la creatividad.

Entre los recursos físicos tenemos:
- *Materiales,* tanto materias primas (mineral de hierro) como semielaboradas (chapa de acero)
- *Componentes* (cajas de cambio, neumáticos) Equipamientos (maquinaria y utillaje)
- *Instalaciones e inmuebles*
- *Energía.*

Los recursos financieros pueden ser:
- *Propios o Ajenos*
- *Capital o Deuda*

La información ha de ser:
- *Interna*
- *Externa*

Como resumen y síntesis, podemos establecer el cuadro siguiente, figura 4:

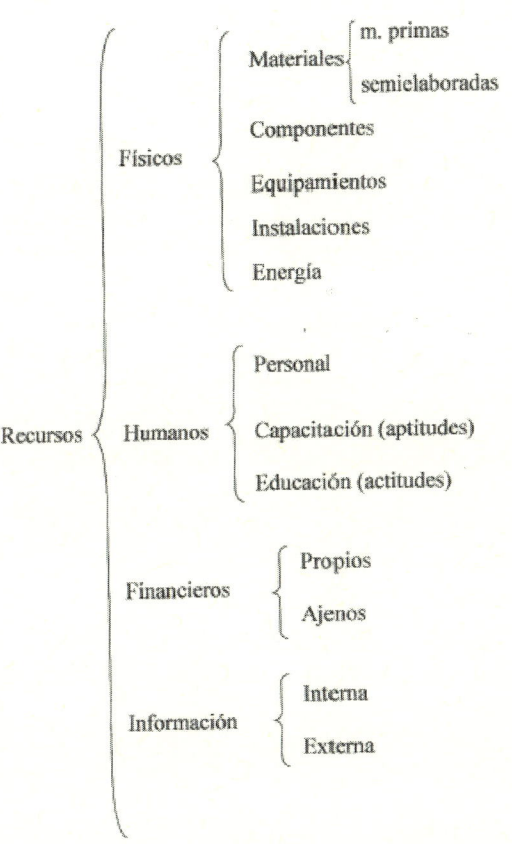

Fig.4

Contar con los recursos adecuados a nuestros planes no basta, es preciso integrarlos en la estructura de la empresa y, para ello, es necesario captarlos, asimilarlos y potenciarlos, a fin de transformarlos en las competencias adecuadas a las tareas que se pretenden realizar.

Podemos establecer una secuencia de tareas para la dotación de las necesarias competencias, que se agruparían en las fases siguientes:

Fig. 5

El proceso es secuencial tan sólo en el arranque, al iniciar una empresa su primer establecimiento o al iniciar un proyecto novedoso; pero, una vez en marcha, el mantener las competencias adquiridas se trata de un proceso de tareas simultáneas y continuas.

Incorporación

El proceso de incorporación de los diferentes recursos supone realizar gestiones de reclutamiento de personal, compras de equipos y materiales, financiación, formación y documentación. Como resultado de esas gestiones nos dotaremos de un conjunto de recursos y habilidades, que habrán de ser potenciadas, cuando el caso lo requiera, por medio de una formación complementaria de nuestro personal que actualice conocimientos. Una buena formación, además de enseñar, motiva y vincula al personal con la empresa.

El conjunto de los recursos y las habilidades del personal configuran la dotación de recursos, que incorporan **un "saber hacer"** con los instrumentos para hacerlo y constituyen una **dotación tecnológica.**

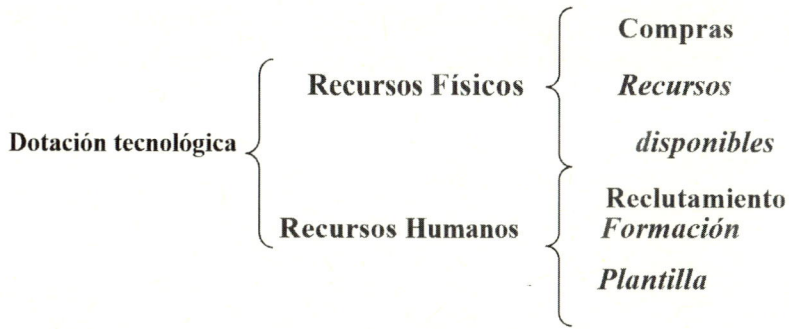

Fig. 6

De esta manera, incorporamos a la empresa los recursos y las habilidades necesarias, con las que habremos de dotarnos de las capacidades físicas y técnicas precisas para desarrollar nuestra labor con calidad. El proceso de adquisición se realiza a través del mercado, donde se localizan y obtienen los recursos que satisfacen los requisitos identificados en la planificación, en función de las previsiones de actuación, incorporándolos a la empresa como **dotación tecnológica;** proceso que queda representado en el esquema siguiente:

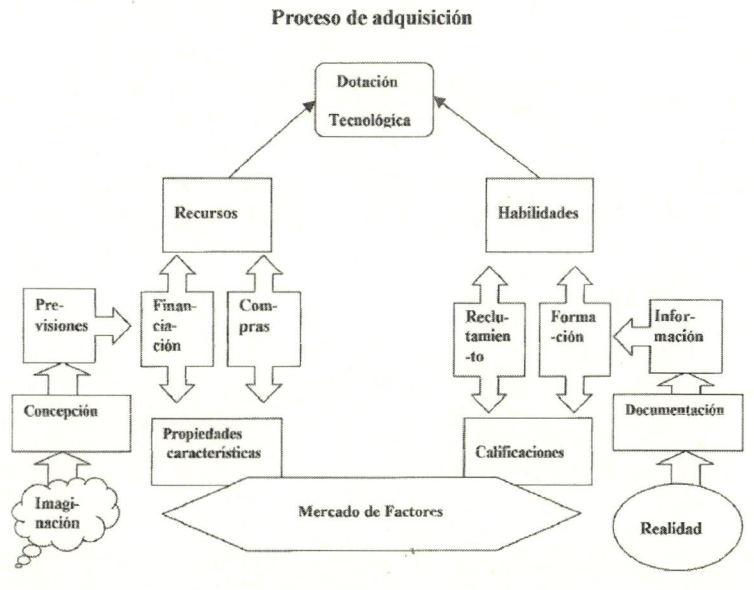

Fig. 7

La dotación de recursos disponibles, al ser estructurada de manera que a cada persona se le asigne una función apropiada a sus calificaciones y hacer que disponga del material y equipo adecuados a su habilidad y función, además de proporcionarle los canales de comunicación y el grado de autoridad y autonomía necesarios para que, transformada en capacidad técnica, su calificación le permita el desempeño de esa función.

Gracias a la capacidad organizativa, la actividad integradora proporciona una dotación tecnológica que se torna en capacidad técnica gracias a la organización. Es el conjunto de la empresa lo que transforma las dotaciones y calificaciones que aportan los individuos, junto con al equipamiento con que se les dota, en capacidades técnicas, mediante un proceso de asimilación, formación y organización que hace aflorar las sinergias potenciales.

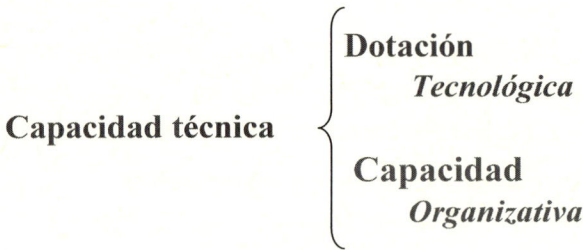

Fig. 8

Integrando los recursos en la organización

Generando sinergias

El proceso de **transformar las dotaciones en capacidades** es un proceso de asimilación de los recursos humanos por parte de la estructura de la organización. Estructura que puede existir con anterioridad a la incorporación de los nuevos recursos o, si se trata de una empresa de nueva creación, estar en proceso de constitución.

Proceso de asimilación

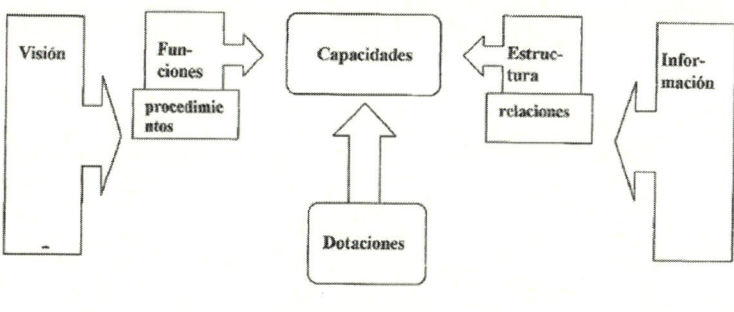

Fig. 9

La asimilación supone un ejercicio de organización y coordinación que asegure que a cada persona se le asigna una función acorde con su capacidad, conocimientos y experiencia, se le dota del equipamiento adecuado para desarrollar esa función, se le suministran los materiales y equipos precisos en calidad, cantidad y plazo, se le proporciona la información necesaria sobre lo que se pretende que haga y se establecen los flujos de información y las relaciones debidas con otras funciones para facilitar la integración de cada función en el conjunto de la operativa de la empresa. Como complemento, a cada persona habrá que investirla de una autoridad y exigirla una responsabilidad acorde con su función.

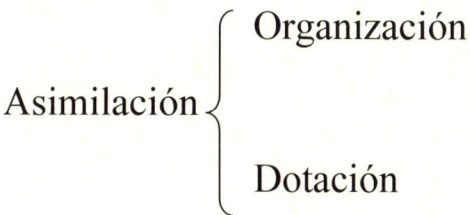

Fig. 10

Los recursos debidamente integrados proporcionan una *capacidad técnica y habilidad funcional* a la empresa que determina lo que ésta podría hacer.

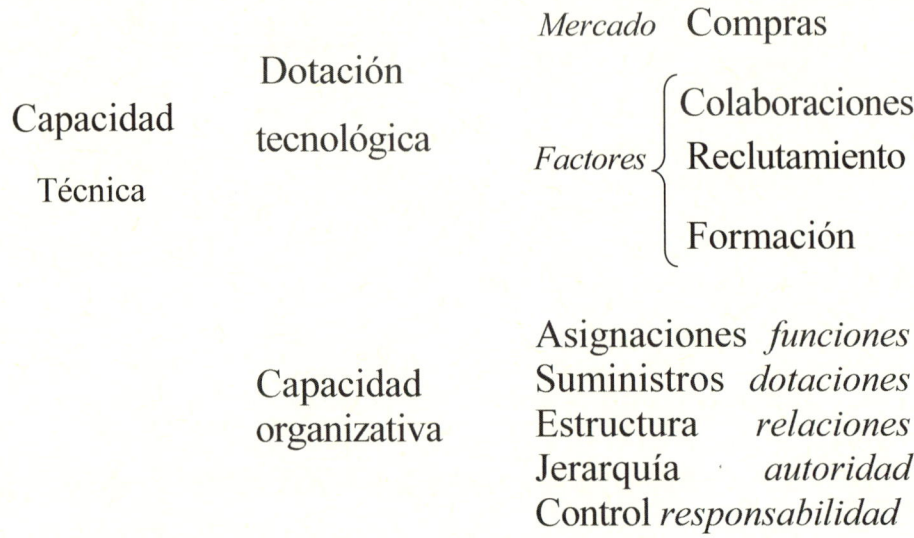

Fig. 11

La distinción entre dotación y capacidad es muy relevante, ya que su confusión induce a cometer errores graves en el mercado laboral, tanto por parte de las empresas como por parte de las personas que buscan un nuevo trabajo. Se puede contratar a una persona por su capacidad, cuando lo único que la persona ofrece es su dotación de calificaciones y habilidades, pudiendo también adquirir equipos que nadie utilizará o, por el contrario, infra dotar al personal.

Pensemos en el cliente de un consultor que está deslumbrado por la capacidad de éste para obtener información relevante a los problemas que se le plantean, su excelente planificación de las tareas que realiza y su capacidad informática. Se le contrata por todo ello como empleado en plantilla y, al incorporarle a la empresa se le priva del servicio documental de que gozaba en su anterior empleo, del jefe que le planificaba y del acceso al ordenador central de su anterior empresa que actuaba de servidor para el ordenador personal del consultor y, incluidos los programas informáticos de la anterior empresa que estaban a su disposición y ya no tiene. Al despojarle de una serie de dotaciones que tenía en su anterior empresa, le han despojado de su capacidad anterior.

Cada vez que **Fernando Alonso** cambia de escudería en la F1, su habilidad como conductor sigue siendo la misma que antes, porque, salvo que abandone su entrenamiento y se degenere su forma física, sus calificaciones no difieren ostensiblemente de las que eran en la temporada anterior, pero su capacidad para ser campeón del mundo dependen, tanto de él mismo, como de las características del nuevo coche, que es parte de su dotación, y la logística y competencias de la nueva escudería, los mecánicos, los compañeros y todo lo que contribuye a la capacidad para competir en velocidad al máximo nivel.

Al contratar a alguien, hay que fijarse en sus calificaciones y pensar con qué equipos, formación complementaria, documentación, supervisión, autonomía y apoyos hay que dotarlo, para conseguir de él la capacidad que va a necesitar para que pueda desempeñar con éxito las competencias que necesitamos desarrolle.

Cuanto mayor sea la dotación complementaria que se requiere para transformar las calificaciones de una persona en capacidades de la empresa, mayor ha de ser la fidelidad que cabe esperar de esa persona por su empresa. Cuanto mayor sea la necesidad de dotaciones complementarias en equipamiento, información y organización que una persona necesita para desempeñar su función, más difícil le resulta encontrar quien le proporcione todo lo necesario para permitirle mantener su actual capacidad en el nuevo empleo y cuanto menores sean las calificaciones de la persona que se precisan para un cargo determinado, más sencillo será encontrar un sustituto, en caso de que quien ahora cubre el puesto abandone la empresa.

La ejecución estratégica

De la teoría a la práctica

No basta la capacidad técnica que se obtiene como resultado de la labor integradora para asegurar la productividad de la empresa, es preciso que la organización haga lo que tiene que hacer. Es la ***capacidad operativa*** de la empresa en su conjunto la que aprovechará el potencial que la capacidad técnica que cada persona le proporciona. La capacidad operativa se plasma en los métodos y procesos utilizados por la empresa

Capacidad Operativa
- Métodos
- Procesos

Fig. 12

El resultado de aplicar la capacidad operativa a la capacidad técnica determina la ***eficiencia operativa*** de las personas en sus puestos y, en su conjunto, la eficiencia de la entidad.

Eficiencia operativa
- ***Capacidad Técnica***
  - Conocimientos
  - *Tecnología*
  - ***Capacidad integradora***
    - **Funciones**
    - **Dotaciones**
    - **Relaciones**
- ***Capacidad operativa***
  - **Planificación**
  - **Coordinación**
  - **Ejecución**

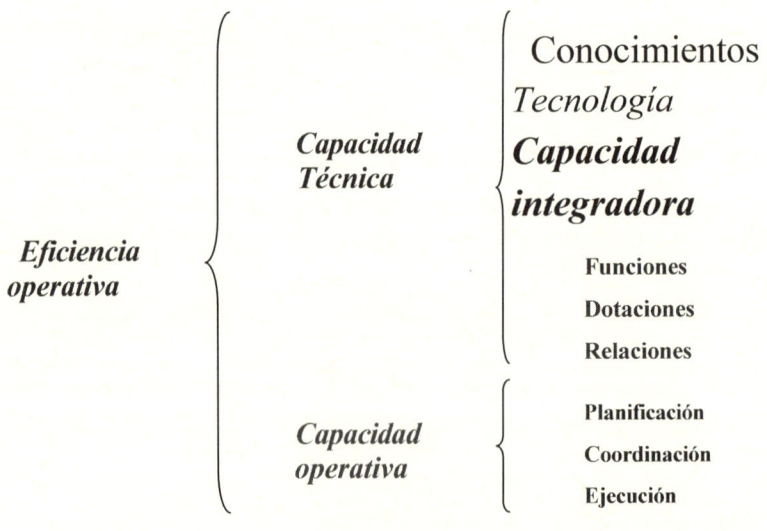

Fig. 13

Información

El cuarto recurso

Adam Smith[22] consideraba que la riqueza de las naciones se basaba en tres recursos básicos: *La tierra, el capital y la mano de obra.*

También *Napoleón*[23] consideraba que eran tres los recursos necesarios para vencer en las empresas bélicas. Según él, lo único que se necesitaba para lograr la victoria eran tres generales: *Dinero, dinero y dinero.* Son los mismos recursos que se requieren en las empresas económicas.

En una empresa, *el dinero* es el recurso inicial que, puesto en manos de la gerencia, *deberá ser transformado en hombres, instalaciones y equipos sinérgicamente integrados.* Si bien es cierto que la estrategia se resuelve con dinero, dinero y dinero, hasta el mismo emperador **Bonaparte**, *en la práctica de la táctica, necesitaba soldados, cañones, proyectiles y pólvora,* Siendo los soldados quienes debían cargar los cañones y saber utilizarlos.

Si con la industrialización la tierra pierde la importancia que tenía la agricultura para los fisicistas, la ganan el equipamiento, la energía y la maquinaria para la industria. En la actualidad, toda empresa reconoce la necesidad de gestionar tres recursos básicos: hombres, equipos y, por supuesto, *dinero*. El recurso financiero es imprescindible y en él está la raíz de toda empresa, constituyendo una preocupación constante de todo empresario. Pero junto a la gestión financiera, debe atenderse la gestión de personal y la gestión de los recursos materiales...

El dinero es un requisito, no un objetivo, un medio y no un fin, un recurso.

Hasta en las empresas de servicios, cuyo principal activo son sus hombres, hacen falta equipos y las empresas más automatizadas necesitan ser dirigidas por personas.

---

[22] **Adam Smith**. La riqueza de las naciones
[23] **Napoleón** afirmaba que "para ganar las guerras hacían falta tres generales: Dinero, dinero y dinero." En efecto, con recursos financieros se pueden lograr los demás recursos

Pues bien, leyendo con atención la historia de *la Batalla de Midway* de la segunda guerra mundial, queda claro que, a pesar de dominar la situación los japoneses con abundancia de equipos, hombres y presupuesto, se puede echar a perder una empresa por falta de un cuarto recurso. Los japoneses atacaron Midway con una gran flota, equipada con numerosos barcos, aviones, municiones y hombres: infantes de marina, pilotos, marinos, personal auxiliar y mandos, cuya moral, formación, disciplina y espíritu de combate eran impecables. Perfectamente planificado y dotado de todos los recursos concebibles para alcanzar la victoria, el ataque fracasó porque l*es falló su sistema de información.*

El hidroavión de reconocimiento que tenía que verificar la permanencia de la flota enemiga en sus bases de Hawái no pudo, en contra de lo que estaba previsto, repostar en medio del Pacífico, porque el submarino de abastecimiento, ante la presencia de un buque enemigo en la zona, no pudo emerger en el lugar de encuentro; teniendo que regresar a la flota sin haber podido cumplir su misión. Tampoco informó el servicio de inteligencia japonés de que la flota americana había abandonado Port Harbor, dado que los americanos habían internado a todos los ciudadanos de origen japonés, incluidos los espías imperiales. La escuadrilla de submarinos que se enviaron al noreste de Hawai para interceptar cualquier movimiento de la flota americana, tomó posición al día siguiente al que los barcos americanos habían cruzado la línea de intersección. Barcos que creían haber hundido en la batalla del Mar del Coral, les presentaron batalla en *Midway*[24] y hasta el mismo almirante en jefe norteamericano, es sustituido por enfermedad sin el conocimiento del Alto Estado Mayor nipón. Para colmo, el avión japonés que cubría el sector donde se encontraba la flota americana, no pudo comunicar su localización por avería de la radio del avión. Por último, el Almirante Yamamoto, quien había dado orden de no romper el silencio de las ondas y no transmitir ningún mensaje

---

[24]   **A. J. Barker, Midway**, momento crítico. Ed. San Martín, Madrid 1979

hasta finalizado el ataque, el primer mensaje que recibe es para informarle de que la batalla se había perdido, sin darle opción a reaccionar.

Los americanos, por el contrario, contaban con un servicio de inteligencia que les mantuvo informados de los movimientos japoneses. Para empezar, el aumento de transmisiones que se produjo como consecuencia de los preparativos del ataque fue interpretado como prolegómenos de una gran operación. Además de la alerta desencadenada por el incremento de la "huella electrónica", poseedores de la clave japonesa pudieron descifrar que se preparaba un ataque contra una isla, identificada en clave como AF, cuya identidad desconocían, pero, tras lanzar desde Midway el falso mensaje de que se les había estropeado la depuradora de agua, interceptaron un mensaje japonés transmitiendo que en AF se habían quedado sin agua potable. Finalmente, sus aviones localizaron a los portaviones japoneses con suficiente anticipación.

El recurso información, que en último término no deja de ser también dinero, no siempre es reconocido como un recurso tan importante como realmente es. La batalla de Midway dejó patente que la información es un recurso crítico, que debe ser gestionado con tanta dedicación como los otros tres recursos. La información hay que buscarla. En una de las novelas de **Shellot Holmes,** el doctor **Watson** se sorprende de cómo ha podido encontrar el famoso detective una prueba esclarecedora junto a un árbol, a lo que el investigador responde: *"Lo encontré, porque lo estaba buscando".*

La información tiene dos vertientes: *información externa e interna*. La primera es información sobre el entorno: los proveedores, los clientes, la tecnología disponible, los competidores, la coyuntura económica, la legislación vigente, las instituciones financieras, el mercado laboral, las instituciones oficiales, las fuentes de energía y materias primas, el entorno sociocultural, etc.

La *información interna* es sobre la propia empresa, en ella están contemplados cuantitativamente los otros tres recursos, mejor dicho, la parte de los otros tres recursos que se han logrado incorporar a la empresa y forman parte integrante de ella, son sus recursos financieros, su personal y sus recursos materiales: edificios, instalaciones, materias primas, obra en curso, material de oficina, productos terminados. Lamentablemente, la tradición napoleónica sigue haciendo pensar en términos de dinero, dinero y dinero, haciendo que, en muchos casos, la información interna se limite a la valoración contable de esos recursos.

La información contable se suele completar por una relación del activo fijo, con escasa información sobre su estado físico, datos sobre los inventarios, no siempre actualizados y una información externa sobre clientes y proveedores que se da por buena si están correctas las cifras de cuentas a cobrar y pagar, pero de la que suelen estar ausentes los datos relevantes sobre los últimos catálogos de productos de nuestros clientes y competidores, sus listas de precios y los planes y proyectos de innovación, tanto de clientes como de proveedores. *Hay que actualizar la información para estar al día.*

Sobre los competidores nos gustaría saberlo todo, pero son pocas las empresas que mantienen una *información sistemática sobre sus competidores,* que suele limitarse a un s*eguimiento de los precios* y un interés esporádico ante la *introducción de nuevos productos,* la apertura de nuevos centros de distribución o una operación financiera relevante. Es increíble la información pública que hay disponible sobre los competidores. Estando trabajando en Nueva York para la empresa Singer de máquinas de coser, me pidieron que investigase sobre los miembros del consejo de administración de Pfizer, un importante competidor. Para mi sorpresa, en una revista del corazón encontré un reportaje sobre la boda de una hija del presidente de Pfizer con los nombres de todos los consejeros con fotos incluidas. La información exista y era pública. Hay que buscarla

Tampoco suele ser muy buena la información que tienen las empresas sobre su propio personal, fuera del cargo que ocupan, el importe de la nómina y algunos datos estadísticos. No hace mucho me contaron como una joven, al despedirse de su jefe, descubrió que éste no sabía que ella era ingeniero de telecomunicaciones. Aparte de la clasificación por tipo de recurso, otra forma de clasificar la información de una empresa es por su actualidad, para disponer de la *información histórica, actual y las previsiones.* La tendencia es la de acumular información histórica y económica que permita comparar con los balances de meses y ejercicios anteriores, elaborando, a lo sumo, algunas estadísticas y calculando algunos indicadores.

La información histórica es valiosa en tanto nos permita detectar correlaciones y extrapolar tendencias significativas, enseñándonos, mediante el análisis de nuestros errores y aciertos pasados, a encauzar nuestras decisiones presentes y orientar nuestra acción futura. *Dado que sobre el pasado no podemos actuar, de él solo nos cabe aprender.* La información es un recurso importante que debe ser gestionado con habilidad. Debe ser estructurada, relacionada, haciéndola accesible, fiable y actual. Como el pescado fresco, la información se deteriora con el tiempo y el espacio.

No puede ser rutinaria, ni limitarse a producir registros históricos ni circunscribirse a datos contables. La gestión es compleja y *la informática* no debe ser una herramienta que acumula y elabora información inútil en grandes cantidades, ha de ser *un recurso que facilite la selección, transmisión, proceso y acceso de información* que sea pertinente *para facilitar la toma de decisiones y* contrastar las expectativas de toda visión especulativa con la realidad de los hechos. No hacen falta muchos datos, pero deben ser adecuados, puntuales y útiles a la función que sirven. Como la fruta, si la información no se consume a tiempo se pudre. La capacidad de cada puesto requiere que la persona que lo ocupa reciba la información que requiere para el eficaz desempeño de esa función, ni más, ni menos. *Lo importante de la información no es su cantidad, sino su relevancia, oportunidad y actualidad.*

En Midway, los japoneses acumulaban datos hasta sobre los desperdicios recogidos en el mar, pero carecían del único dato relevante: la posición y composición de la flota americana. La información documenta la historia, recopila la experiencia, cuya importancia para tomar decisiones debe estar bien constatada. Es un faro que ilumina el destino informando sobre la ruta que queda por recorrer. Para poder avanzar se requiere poder contar con una visión del futuro, pero el futuro no está escrito ni se escribe, sino que se prescribe, lo cual requiere imaginación. La imaginación es el elemento oculto que contempla y se apoya en la información para trascenderla y poder proporcionar una *visión de lo posible* y deseable.

La imaginación es el gran recurso que marca la diferencia entre las empresas con un gran futuro de las que tuvieron un pasado. Es la imaginación la principal competencia a cultivar. El quinto elemento no está en las estrellas, como afirmaba Aristóteles, reside en la imaginación

El entorno competitivo

Navegando el territorio

Los responsables del desarrollo económico cada vez son más sensibles a la importancia del entorno socioeconómico sobre el que se asienta una empresa para el éxito de ésta. Lo que se viene llamando "el territorio". No es la recuperación de "la tierra" de los fisicistas, sino la constatación del impacto que sobre toda empresa tiene su ubicación y aquello que la rodea, su entorno socioeconómico.El proceso de globalización y la descentralización administrativa han puesto de relieve que no sólo las empresas, sino también los territorios compiten entre sí, aquellas por colocar sus productos en el mercado y éstos por atraer y desarrollar empresas competitivas en su zona.

Es el territorio el que facilita o dificulta las gestiones externas. Es la disponibilidad de infraestructuras, centros de formación, centros de investigación, mercados de gran tamaño, calidad y tipo de servicios locales, nivel cultural, centros de salud y salubridad del ambiente, eficacia administrativa, disponibilidad de proveedores y mano de obra cualificada, calidad de las telecomunicaciones e infraestructuras y tantos otros factores, incluso el clima y la geografía son relevantes. Son esos factores los que harán que un determinado territorio sea atractivo para que un determinado tipo de empresas prefieran instalarse allí frente a irse a otro lugar.

El desarrollo endógeno de un territorio es un aspecto clave dentro de la estrategia económica de los responsables políticos, especialmente la estrategia industrial, como fuente de puestos de trabajo. Debiendo ser una prioridad de las autoridades públicas el desarrollo local; siendo, también, un elemento a tener muy en cuenta a la hora de reflexionar sobre la estrategia de una empresa al considerar o replantear su localización.

En función de las características de cada empresa, también las empresas han de cuidar el entorno. La mayoría de las empresas de armamento, sobre todo si se localizan en ciudades pequeñas, suelen tener un amplio y generoso programa social que atienda escuelas, centros de salud, clubs deportivos, etc., que compensen a los empleados y al conjunto de la población por los riesgos que les supone acoger en su territorio a una empresa de armamento en caso de que estallara una guerra.

Capítulo 5.
Eficiencia y eficacia

Las dos piernas del desarrollo

Un indicador de la eficiencia operativa son *los costes.* Si analizamos los costes de una actividad empresarial, debiéramos diferenciar entre los *costes de producción* del bien o servicio (del producto) y los *costes auxiliares.*

Los costes de producción dependen de cinco factores:
- Recursos disponibles
- Capacidad organizativa e integradora
- Capacidad operativa
- Costes de materiales y energía
- Costes de los servicios

Las empresas no se limitan a producir bienes y servicios, su actividad les obliga a realizar toda una serie de gestiones con el entorno que les aseguren la consecución eficaz de una serie de transacciones con la administración pública, los clientes, los proveedores, los centros de formación, los sindicatos, los medios de comunicación y las diferentes empresas locales de servicios, como transportistas, consultores, auditores, bancos, agencias de viaje, publicistas, servicios de seguridad, tratamiento de datos, gestores, abogados, servicios sanitarios, etc.. La eficiencia transaccional, al ser función del fondo socioeconómico, junto con las instituciones, infraestructuras y demás recursos que lo integran, dependerá del territorio donde se ubique la actividad de la empresa. Difícilmente se podrá ser eficiente en una región en la que se produzcan constantes cortes de energía, disfunciones en el servicio telefónico, la burocracia administrativa eternice los expedientes, haya inseguridad jurídica, malas carreteras, inseguridad ciudadana, mercados ineficientes y, para colmo, la población sea analfabeta, informal y amoral.

Las gestiones transaccionales, necesarias para interactuar con el exterior, generan unos *costes de los servicios* que se suman a *los costes productivos.* La eficiencia transaccional depende de la capacidad gestora de la empresa, de la calidad del medio socio-económico y del grado de eficacia de los diferentes servicios exógenos.

Recordemos que, si bien el Plan Marshall fue un éxito en la recuperación de la Europa destruida por la guerra, todos los esfuerzos y planes de ayuda para promocionar el desarrollo de Africa fueron un fracaso, a pesar de los millones que se dedicaron a los diferentes planes de desarrollo, debido a la falta de infraestructuras, falta de instituciones y personal local cualificado. Las ciudades alemanas tenían las ciudades destruidas, pero contaban con autopistas, autoridades competentes y alemanes disciplinados y cualificados, deseosos de trabajar y sacar al país adelante.

La resultante de la conjunción de las eficiencias operativas de las empresas y la funcionalidad de las instituciones locales determinan la eficiencia de las empresas y determina su nivel de competencia. Llamaremos *competencia* al uso eficaz que la empresa hace, para competir, de las *capacidades técnicas* que le proporciona *la eficiente organización interna* de su dotación tecnológica, *junto con la funcionalidad de las instituciones locales e infraestructuras* que le sirven de apoyo.

El nivel de competencia alcanzado se muestra en la *eficacia* con la que la empresa actúa y en la calidad de sus resultados. La *eficiencia* consiste en hacer bien lo que se hace a un coste adecuado y en el plazo deseable. La eficiencia *se refleja en los costes.* La *eficacia* es lograr lo que hay que lograr, haciendo bien lo que hay que hacer. *Se plasma en la calidad de sus productos.*

No consiste solo en correr mucho y bien, sino en ir en la dirección adecuada. Para ser competitivo hay que ser eficiente y eficaz.

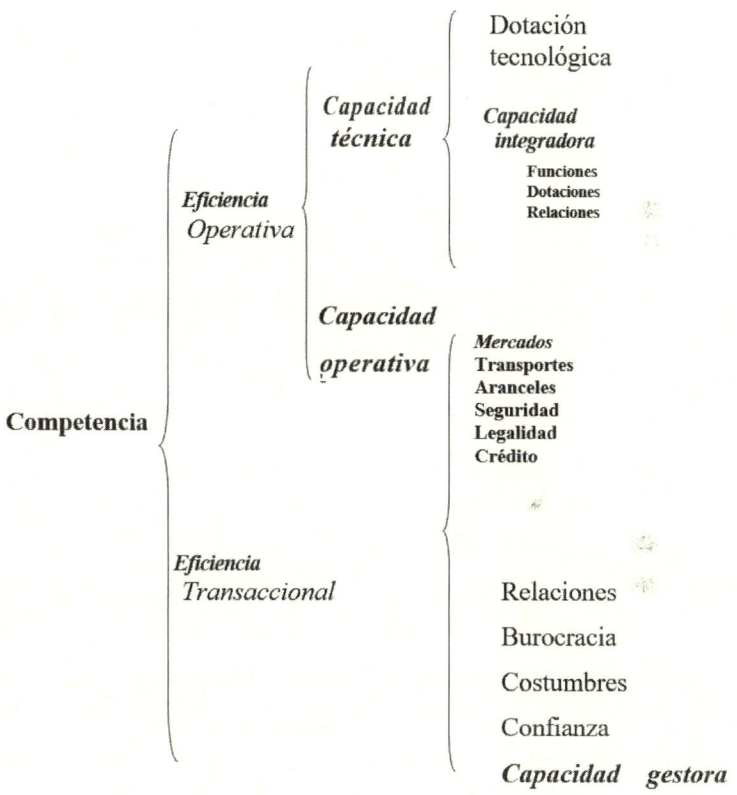

Fig. 14

La **competencia propia** se mide por los *costes* y la *competitividad de los productos.*

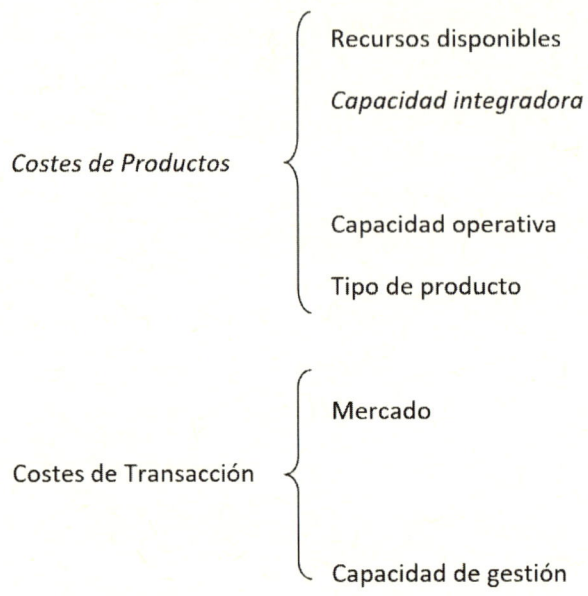

Costes de Productos
- Recursos disponibles
- *Capacidad integradora*
- Capacidad operativa
- Tipo de producto

Costes de Transacción
- Mercado
- Capacidad de gestión

Los productos compiten en funcionalidad, calidad,
diseño, seguridad, disponibilidad y precio.

Hay productos que para ser utilizados necesitan **consumibles**. Las máquinas de afeitar gastan cuchillas de afeitar, las impresoras de tinta consumen tinta, las impresoras 3D consumen el producto que inyectan. En ese caso, hay que definir la estrategia de ventas que creamos más rentable. Gillette casi regalaba las máquinas de afeitar haciendo el negocio con las cuchillas. HP vende sus impresoras con rentabilidad pero ofrece contratos de servicio de tinta a domicilio que garantizan una renta recurrente y duradera. Cuando el consumible requiere grandes infraestructuras, suelen ser otras empresas especializadas quienes den el servicio, por ejemplo, las gasolineras para atender al consumo de combustible por los vehículos y los neumáticos los suministran los fabricantes de neumáticos. Otro servicio vinculado a algunos productos es el **mantenimiento**. Los servicios pueden ser prestados por otras empresas ajenas al productor, pero el productor tiene el monopolio de las piezas de recambio y puede fijar los precios. La política de precios del mantenimiento y recambios es una decisión estratégica que puede afectar las ventas del producto.

Capítulo 6.
Competitividad

Descifrando un concepto

El profesor Morcillo[25] nos define la competitividad como *"la capacidad que poseen las empresas para poder competir. Expresa la posición relativa de una empresa frente a sus competidores."* Entendemos por **competitividad** *nuestra capacidad de competir con otros, es decir: el nivel de nuestra propia competencia respecto a la competencia de nuestros competidores.* La competitividad es, por tanto, un concepto relativo a los competidores, en base a las competencias respectivas. **Competitividad** *es la capacidad para lograr ventajas competitivas frente a los competidores, ya sea en términos de costes como en términos de diferenciación de productos (bienes y servicios) que se ofrecen.* La competitividad es, por tanto, un concepto relativo que *depende tanto de la propia competencia* para producir productos de calidad a costes competitivos, *como de la competencia de los competidores.*

---

[25] **Patricio Morcillo**, Dirección estratégica de la tecnología y la innovación, Ed. Civitas, Madrid 1997

Si un objetivo de toda empresa es potenciar su competitividad, ello supone que debe ***buscar ventajas competitivas*** en sus costes y fortalecer su potencia en el mercado ***diferenciándose de los competidores*** por la calidad sus productos y sus precios. El conjunto de acciones conducentes a desarrollar esos dos aspectos de la competitividad de una empresa constituyen un objetivo clave de la estrategia de la empresa.

La competitividad es relativa a la competencia de los competidores en la eficaz satisfacción de las necesidades de los clientes en calidad y precio. Se demuestra por la eficacia de la empresa atendiendo a sus clientes, como resultado del buen empleo de la conjunción de su eficiencia productiva, eficiencia gestora y, en definitiva, por su nivel de competencia respecto a los competidores.

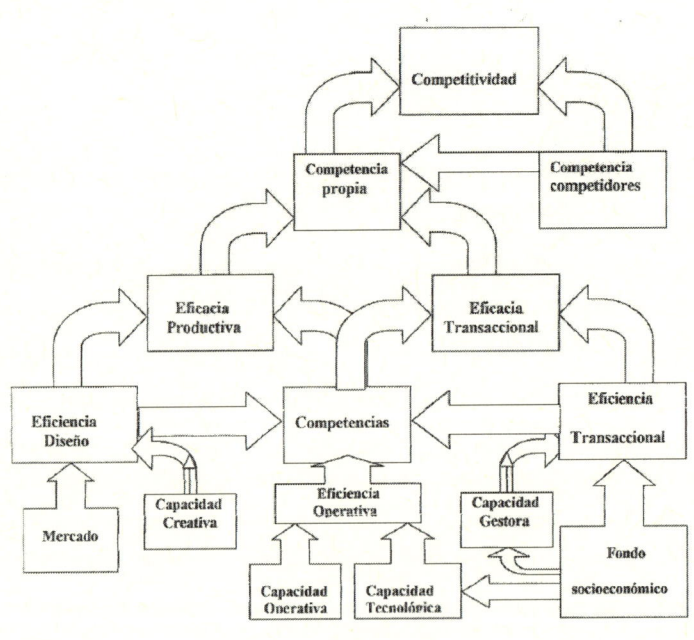

Fig. 15

Denominamos **capacidad directiva**, a la unión de las capacidades planificadora y ejecutiva, que incluye actividad organizativa, gestora y controladora.

Si los competidores son de la misma zona, comparten con nosotros un mismo fondo de instituciones y recursos socioeconómicos, por lo que la competitividad frente a ellos vendrá determinada por la diferencia de capacidad directiva, pero si el competidor opera en otro territorio, la diferencia entre los distintos fondos socioeconómicos y el acceso a mercados diferentes pueden ser determinantes en el desarrollo de la competitividad entre los contendientes.

Junto a la importancia de la *capacidad directiva*, los otros elementos internos relevantes para determinar el nivel de competitividad de una empresa, son su *capacidad técnica* y la *capacidad creativa,* las cuales, en gran medida, también están vinculadas al fondo socio-económico del territorio, aunque podrían adquirirse diseños ajenos e importar técnicos de otras regiones.

Si se compite en un mismo mercado y sólo en él, las características del mercado no tienen por qué afectar la competitividad, aunque si *será determinante la diferencia de información que cada empresa tenga sobre el mercado* y los volúmenes ofertados por cada una de ellas. Pero si, además de competir en un mismo mercado, hay unos competidores que acceden a otros mercados a los que no accedemos nosotros, las diferentes características de los mercados complementarios afectan las competencias respectivas. *El volumen de producción afecta los costes* de los productos. Una rebaja de precios puede compensar la reducción de ingresos por producto por el aumento del volumen de ventas logrado y la reducción de costes por unidad fabricada.

A efectos de competencia, los mercados se caracterizan por su densidad, diversidad, flexibilidad, transparencia, extensión, homogeneidad, exigencias de calidad, nivel de precios y requisitos legales para operar en ellos.

La **eficiencia transaccional** depende de la capacidad gestora de la empresa, pero, dado que también está muy condicionada por el tipo de instituciones e infraestructuras con que cuente el territorio sobre el cual se encuentre instalada la empresa y el tipo de mercados a los que acceda, la decisión sobre *la localización de la empresa es una* *decisión estratégica de alto nivel.* Instituciones, infraestructuras y mercados son muy sensibles al tipo de políticas públicas que practiquen las autoridades locales.

Medida de la competitividad

Podemos reformular matemáticamente la definición de competitividad, afirmando que *la competitividad es función de los costes, los productos y los competidores:*

Competitividad = f (Costes, Productos, Competidores)

Dado que tanto las ventajas competitivas de costes como las de los productos tienen su origen en *la competencia de la empresa* y se dan en función de ésta, podernos transformar la expresión anterior en la siguiente:

Competitividad = f (Competencia, Competidores)

Una medida indicativa de la competitividad nos la facilita la relación entre *la productividad* propia y la de los competidores, de manera que podemos asumir que la competitividad sea proporcional al cociente entre las dos productividades. Si llamamos C a la medida de la competitividad y K a un coeficiente de proporcionalidad por determinar, tendremos que:

Un factor de la competitividad es la Productividad.

La productividad se mide por el cociente ente los bienes producidos y los recursos utilizados en su producción. En la práctica, la productividad se mide por la relación entre el valor de los bienes producidos y el coste de producirlos.

$$\text{Productividad} = \frac{\text{valor de la produccion}}{\text{coste de la producción}}$$

El aumento de productividad que logró Ford con el montaje en cadena le permitió reducir los costes y bajar los precios, logrando aumentar su competitividad y una gran cuota de mercado.

$$C = K \cdot \text{productividad propia} / \text{productividad ajena}$$

Dado que la productividad mide la producción o valor del producto por unidad de coste:

$$C = K \ \frac{\text{Facturación propia}}{\text{Costes propios}} : \frac{\text{Facturación competidores}}{\text{Costes competidores}}$$

$$C = K \ \frac{\text{Costes competidores}}{\text{Costes propios}} : \frac{\text{Facturación competidores}}{\text{Facturación propia}}$$

$$C = K \ \frac{Cc}{Cp} : \frac{Fc}{Fp}$$

Dado que: $Fc/Fp + Fp/Fp = (Fc+Fp)/Fp = 1/CM \rightarrow Fc/Fp = 1/CM - 1 = (1-CM)/CM$

donde **CM** es la *cuota del mercado* de la empresa

Luego $\quad C = K \ \dfrac{Cc}{Cp} \times \dfrac{CM}{1-CM}$

Llamando **Potencia en el mercado** a la relación $\quad \dfrac{CM}{1-CM}$

C=K. productividad propia/ productividad ajena

C = K x Ventaja competitiva de costes x Potencia en el mercado

La **competitividad** se mide, por tanto, a partir de:

La competitividad de los costes y la competitividad de los productos en el mercado medida por la cuota de mercado.

La competitividad de los costes permite la competitividad de los precios, compitiendo los productos en funcionalidad, calidad, diseño, seguridad y disponibilidad.

La mera *cuota del mercado* no es siempre una medida indicativa de la competitividad, pues podría estar determinada por una situación monopolista de derecho (como Correos en España) o de hecho y no por el nivel de competencia.

Hamel[26] insiste en que la competitividad está determinada por las competencias, siendo éstas las que deberíamos de medir. Dado que tanto las economías obtenidas en la producción como el éxito en el mercado son manifestaciones de la competencia como indicadores de eficiencia y eficacia, el indicador propuesto en este libro es una medida adecuada de la competitividad y fácilmente medible (los datos están en las memorias anuales de las empresas); aunque debemos tener en cuenta que no detecta el posible desarrollo en curso de nuevas competencias internas, ya sea por la empresa o por algún competidor, cuyos efectos diferidos podrían llegar a revolucionar la situación competitiva en el sector en el futuro.

Políticas de fomento de la competitividad

A fin de sistematizar la identificación de las políticas relevantes para el fomento de la competitividad, nos basta con recordar los factores que contribuyen a ella.

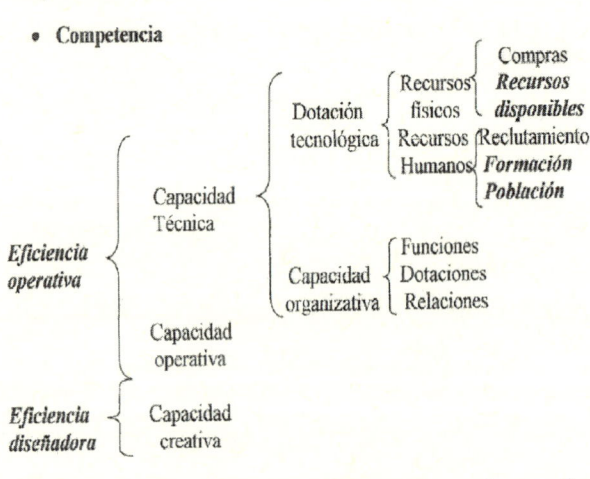

Competitividad

- Competencia

```
Eficiencia    Capacidad    Dotación      Recursos    Compras
operativa     Técnica      tecnológica   físicos     Recursos disponibles
              Capacidad                  Recursos    Reclutamiento
              operativa                  Humanos     Formación
Eficiencia    Capacidad    Capacidad     Funciones   Población
diseñadora    creativa     organizativa  Dotaciones
                                         Relaciones
```

Eficiencia transaccional (Mercados, *transportes, burocracia, aranceles, crédito, telecomunicaciones,...*

---

[26] **GaryHamel.** Humanocracy: Creating Organization As Amazing as People Inside Them

- **Competidores**
  La competitividad se manifiesta en el mercado mediante el éxito de los productos y servicios

Como consecuencia del análisis anterior, vemos que hay dos clases de políticas públicas para el fomento de la competitividad en un país o una zona geográfica, ambas son funciones estratégicas de política económica:
- **Políticas para el desarrollo del fondo socio-económico**
- **Políticas para el desarrollo de la competencia empresarial**

Entre las políticas orientadas al desarrollo del fondo socio-económico, tenemos que diferenciar las que propugnan el fomento de los recursos disponibles con los que podrán contar las empresas para dotarse de capacidades, de aquellas políticas cuyo objetivo es el fomento de la eficiencia transaccional, mediante el desarrollo de infraestructuras y de unas instituciones que faciliten y agilicen las gestiones públicas.

Por consiguiente, tendremos las siguientes:

Políticas de desarrollo del Fondo Socio-económico

Fomento de recursos

- Recursos humanos
  1. Políticas de formación, capacitación y educación
  2. Políticas de empleo, retención, recuperación e intercambio
     Políticas sanitarias

- Recursos Físicos
  1. Políticas de infraestructuras y comunicaciones
  2. Políticas de racionalización energética, hidráulica, ferias y mercados

- Información
  1. Políticas de documentación y difusión de información, elaboración de estadísticas
  2. Políticas de normalización y estandarización. Las normas DIN alemanas son un buen ejemplo.

- Mercados
  1. Políticas de desarrollo y mejora de instalaciones
  2. Políticas de liberalización, accesibilidad y transparencia
  3. Políticas para el desarrollo de garantías, seguridad e higiene

- Investigación
  1. Políticas de I+D+i (investigación, desarrollo e innovación)

- Eficiencia transaccional
  1. Políticas de transportes, comunicaciones e infraestructuras Políticas de aranceles
  2. Políticas de seguridad ciudadana
  3. Políticas de armonización y simplificación legal.
  4. Políticas de crédito
  5. Políticas de racionalización y simplificación administrativa
  6. Políticas de fomento de la competencia empresarial

- Competencias
  1. Políticas de desarrollo de competencias y capacidades: contratos públicos con alto componente tecnológico, subvenciones, fomento de la cooperación y el intercambio.
  2. Políticas de concentración territorial
  3. Políticas de focalización temática. Políticas de investigación e innovación. Políticas de fusión e integración

- Productos
  1. Políticas de fomento de la calidad. Políticas de fomento de la innovación y el diseño
  2. Políticas de fomento de la seguridad de los productos

Las políticas para el desarrollo del fondo socioeconómico han de ser fundamentalmente políticas públicas, debiendo la comunidad empresarial colaborar en ellas con las autoridades. Corresponde a la empresa trazar y abordar las políticas para el desarrollo de la competencia empresarial, debiendo las instituciones públicas, muy especialmente las universidades, colaborar en ellas. La colaboración regional de todos los agentes económicos es la base del desarrollo endógeno.

PARTE SEGUNDA

La empresa como agente innovador

Capítulo 7.
Creatividad

El combustible de la innovación

En el corazón de toda estrategia innovadora late la creatividad. Es esa chispa que nos permite ver oportunidades donde otros ven problemas, *imaginar soluciones donde otros se estancan*, y transformar lo ordinario en extraordinario. Pero, ¿qué es exactamente la creatividad y cómo podemos cultivarla en nuestras organizaciones?

La creatividad es la capacidad de generar ideas nuevas y valiosas. Es el acto de combinar elementos existentes de maneras novedosas para *crear algo original y útil.* En el contexto empresarial, la creatividad es el combustible que alimenta la innovación, permitiendo a las organizaciones adaptarse, crecer y destacar en un entorno cada vez más competitivo. Pero la creatividad no es un talento mágico que solo algunos poseen. Es una habilidad que se puede aprender, desarrollar y potenciar. Como líderes estratégicos, nuestro desafío es crear las condiciones para que la creatividad florezca en todos los niveles de la organización.

Uno de los principales enemigos de la creatividad es el pensamiento rígido y lineal. Cuando nos encerramos en la jaula de *"lo que siempre hemos hecho"*, limitamos nuestra capacidad de *ver nuevas posibilidades.* Para romper estos patrones y estimular el pensamiento creativo, podemos utilizar técnicas como el "*brainstorming*", *el pensamiento lateral*, la asociación forzada o la búsqueda de analogías.

Por ejemplo, una empresa de telecomunicaciones que buscaba nuevas ideas para mejorar su servicio al cliente podría utilizar la técnica de asociación forzada, combinando aleatoriamente palabras como "teléfono", "pizza", "amistad" y "velocidad". Estas combinaciones aparentemente absurdas pueden disparar ideas interesantes, como un servicio de asistencia técnica que sea tan rápido y satisfactorio como pedir una pizza, o un programa de fidelización que recompense a los clientes por recomendar el servicio a sus amigos.

Otra clave para fomentar la creatividad es la diversidad. Cuando reunimos a personas con diferentes experiencias, conocimientos y perspectivas, multiplicamos las posibilidades de encontrar soluciones innovadoras. Esto implica no solo promover la diversidad demográfica, sino también la diversidad cognitiva, alentando el intercambio de ideas entre departamentos, disciplinas y jerarquías.

Pero la creatividad no puede florecer en un ambiente de miedo y restricción. *Para que las personas se atrevan a pensar diferente y proponer ideas audaces, necesitan sentirse psicológicamente seguras*. Esto significa construir una cultura organizacional que valore la curiosidad, tolere el error y celebre la iniciativa, incluso cuando no conduce a resultados inmediatos. Como dice el reconocido experto en creatividad *Sir Ken Robinson*[27], *"si no estás preparado para equivocarte, nunca se te ocurrirá nada original"*. Así que, como líderes, debemos dar permiso a nuestros equipos para experimentar, fallar y aprender, creando espacios seguros para la exploración creativa. Además de estimular la generación de ideas, es igualmente importante contar con procesos y *criterios claros para evaluar y seleccionar*

---

[27] **Sir Ken Robinson.** La creatividad es el proceso de tener ideas originales que posean valor

las mejores propuestas. No se trata de perseguir la creatividad por sí misma, sino de canalizarla hacia la creación de valor real para la organización y sus clientes.

- ¿Resuelve esta idea un problema real o satisface una necesidad importante?
- ¿Es técnica y económicamente viable?
- ¿Es consistente con nuestra estrategia y valores?
- ¿Tiene el potencial de diferenciarnos y darnos una ventaja competitiva?
- ¿Podemos proteger esta idea legalmente (patente, marca registrada, etc.)?

Una vez que hemos identificado *las ideas más prometedoras,* el siguiente paso es *convertirlas en proyectos* de innovación concretos, asignando recursos, responsabilidades y plazos para su desarrollo e implementación. Esto nos lleva al fascinante territorio de *la gestión de la innovación,* que exploraremos en detalle en el próximo capítulo.

Pero antes de adentrarnos en eso, permíteme dejarte un desafío: *identifica un problema u oportunidad en tu propia organización y dedica unos minutos a generar ideas creativas* usando alguna de las técnicas que hemos discutido. No te censures, deja fluir tu imaginación y atrévete a pensar en grande. Recuerda, *la creatividad es un músculo que se fortalece con el ejercicio* constante.

Se conoce como **Heurística** la técnica de indagar, descubrir e inventar mediante la creatividad, utilizando el pensamiento lateral o divergente. La base está en la intuición. El proceso heurístico suple la carencia de información y la consiguiente posibilidad de análisis sobre la cuestión a resolver. Un modo de pensamiento heurístico es pensar por analogía. Es un descubrir soluciones frente al deducirlas. El protagonista del pensamiento heurístico es el inconsciente y un buen camino de acceso al inconsciente es hacerse preguntas a sí mismo, desde el reconocimiento de la propia ignorancia, en busca de la inspiración, de la chispa de la creatividad.

Y quién sabe, tal vez esa chispa de creatividad que generes hoy sea el comienzo de la próxima gran innovación que transforme tu industria. Como dijo el famoso científico **Louis Pasteur**[28], *"la suerte favorece a la mente preparada".* Así que prepara tu mente, cultiva tu creatividad y atrévete a innovar. El futuro te espera.

Loa ejemplos de *Gutenberg* con la imprenta, *Edison* con la bombilla, *Gillette* con la máquina de afeitar, de *Singer* con la máquina de coser, *Ford* con la fabricación en cadena de automóviles y tantos otros, ilustran el valor de la creatividad para las empresas.

Visión y Misión

Motores de la ventaja competitiva

Reconsideremos nuestro modelo de empresa en torno a *la acción humana* como medio para la *satisfacción de necesidades*. La acción humana puede contemplarse como la actuación de un sistema innovador abierto a un entorno percibido como realidad mejorable.

Recordemos que *la acción humana es la ejecución de la intención de modificar la realidad* a fin de alterar una situación no deseada. Toda acción se debate entre las oportunidades que nos ofrece la realidad y nuestra capacidad para aprovecharlas. Nuestro conocimiento de la realidad se basa en la información que tenemos sobre esa realidad y nuestra capacidad para la acción se nos manifiesta intencionalmente mediante la *visión* de lo que pensamos sería deseable lograr y posible realizar, visión que nos proporciona nuestra imaginación.

La visión surge, de la tensión entre el estímulo de la imaginación y el freno de la realidad, comporta pre-tensión que se constituye en inductora de la acción y cristaliza en una intención que se expresa como *misión.*

---

[28] **Louis Pasteur**. Médico francés e investigador descubridor de la infección microbiana.

La incorporación de recursos se realiza en función de la visión de los requisitos que nuestra imaginación intuye que podríamos necesitar para el desarrollo de la misión propuesta y de la información de que disponemos sobre disponibilidades que obtenemos del mercado de factores.

La condición de toda acción es lo posible, siendo lo posible el resultado de la conjunción de la potencia de cambio que la realidad nos ofrece, con lo que la imaginación nos inspira como deseable y alcanzable.

Un método para intuir posibilidades consiste en:
* Analizar recursos ociosos
* Contemplar necesidades insatisfechas
* Remover obstáculos
* Analizar diferencias e incoherencias
* Buscar complementariedades

Los *recursos ociosos.* Hay instituciones cuya única fuente de entrever posibilidades reside en la observación de recursos ociosos. Ello es debido a que su cultura empresarial tiene asumido que la posibilidad se limita a ser el potencial de lo disponible.

La pregunta que dinamiza el proceso de búsqueda de nuevas posibilidades es la de:

¿Qué podemos hacer con esto?

Los activos improductivos

Frecuentemente la respuesta es: *deshagámonos de ello*. Cuando ese recurso es físico la solución está en venderlo o tirarlo, *pero cuando se trata de recursos humanos*, la solución de recurrir *al despido masivo provoca un problema social y mina la moral* de quienes permanecen en plantilla.

Es increíble la facilidad que tienen, quienes no ven más posibilidades que las que les brindan los recursos disponibles, para trasladar mentalmente esos recursos del activo al pasivo, transformándolos de capacidades a cargas: ocupan espacio, cuesta su mantenimiento, requieren una nómina. La única capacidad que conocen es la que algún día utilizaron.

Los recortes de la plantilla por debajo manifiestan la escasez de imaginación que hay en la plantilla por arriba.

Qué fácil es olvidar la afirmación del ***Club de Roma***[29] de que el ***ser humano es un recurso ilimitado por su capacidad de formación y creatividad.***

Las regulaciones de empleo y las reconversiones de sectores industriales basadas en la eliminación de puestos de trabajo ignoran la capacidad de los seres humanos para asumir nuevas capacitaciones.

Por ejemplo, un sector en crisis, como puede ser la minería, podría reconfigurarse por sus competencias como industrias especializadas en estudios geológicos, prospecciones especializarles en la construcción de túneles para infraestructuras del transporte.

La empresa Inypsa se dedicaba al diseño e instalación de centrales nucleares. Cuando el gobierno español canceló el plan nuclear, los ingenieros nucleares se reconvirtieron en desmanteladores de centrales nucleares y, finalmente, se transformaron en ingenieros eléctricos y de obra civil. Pero hubo un momento en que la dirección estuvo considerando la posibilidad de echarlos.

Reconversión significa ***dar formación para reconvertir*** habilidades de personas cuyas competencias han dejado de tener aplicación posible, en otras especialidades con alta demanda.

Necesidades insatisfechas. Como ***fuente generadora de nuevas posibilidades*** requiere de una mayor capacidad imaginativa que el

---

[29] **El Club de Roma**. Tras publicar sus famosas series catastrofistas que aseguraban el agotamiento de los recursos, publicó otro Estudio en el que anunciaba un recurso ilimitado: ***la capacidad ilimitada de innovación y aprendizaje del ser humano***

caso anterior. Se trata de ver necesidades que podríamos satisfacer de poder contar con los recursos adecuados aunque, en el momento de la reflexión, no contemos con ellos. Se trata de pensar soluciones y ya se pensará después en conseguir los recursos cuando tengamos claro que vamos a hacer con ellos.

Ese fue el enfoque de **Sloan** cuando fundó la General Motors, primero concibió la solución y después buscó los recursos; como antes hicieran Pedro el Ermitaño, Colón o Napoleón.

Toda actividad empresarial requiere de un conjunto de competencias que difícilmente dispondrá de ellas quien imagine una nueva empresa, pero no tiene que disponer de todas para diseñar su proyecto, sino tener la confianza necesaria en que, si el proyecto merece la pena, los conseguirá en el mercado.

Remover obstáculos. Siempre que se elimina una dificultad surgen numerosas aplicaciones potenciales en base a lo que se puede hacer ahora, que no se podía hacer antes de eliminar la dificultad. Así, poder hacer volar máquinas más pesadas que el aire hace posible la navegación aérea, el transporte de personas y mercancías por los aires, el correo aéreo y el reconocimiento y la fotografía aérea. Cada innovación tecnológica es un Dorado de aplicaciones y nuevas oportunidades.

Eliminar la resistencia de los conductores de corriente eléctrica hace que los superconductores permitan diseñar grandes imanes con bobinas formadas con superconductores, creando equipos como confinadores de plasma, acumuladores de energía de gran potencia, interruptores de potencia, aceleradores de partículas, confinadores magnéticos para la fusión nuclear, transformadores de potencia de bajo consumo, levitación magnética. La puerta queda abierta a la imaginación para ir diseñando el futuro a partir de toda nueva tecnología.

Analizar diferencias e incoherencias.

Para **Kirzne**r[30], son las diferencias de precios, con el beneficio potencial implícito a esas diferencias, las que, en ocasiones, motivan al emprendedor a acometer un proyecto empresarial. Pero hay otras diferencias que indiquen oportunidades, diferencias regionales de infraestructuras, de servicios, de recursos, de productos disponibles, y, por supuesto, innovaciones tecnológicas. Diferencias entre industrias en métodos de publicidad y márquetin, en métodos de distribución, en mantenimiento, en servicios complementarios...

Buscar complementariedades

Igor Ansoff[31] popularizó el concepto de *sinergia*, como el beneficio adicional que se obtiene de sumar capacidades complementarias.

Leí en cierta ocasión un chiste en la revista Punch, en cuya viñeta se caricaturizaba la alegría del encuentro entre *David Livingston* y *Henry Morton Stanley* en medio de Africa, atribuyendo esa alegría a que uno transportaba whiskey y el otro soda, eso es sinergia.

La unión de competencias complementarias es siempre causa de sinergias. Las nuevas posibilidades que se producen en una unión sinérgica constituyen en sí mismas un positivo efecto innovador.

La acción

Ninguna buena idea debe morir en el olvido

La intuición de nuevas posibilidades permite concebir nuevas cosas que hacer y nuevos modos de hacer las que ya venimos utilizando.

La imaginación de las formas y los modos se integra en una visión de lo deseable como posible, mientras que la imagen de la potencia de lo real se nos muestra en la información que sobre lo real tengamos.

---

[30] **Isrrael Kirzner**. Competencia y empresarialidad
[31] **Igor Ansoff**. Strategic management

Partiendo del análisis de la propia posición, *la misión* se especifica como propósito firme de alterar o afianzar esa posición con el fin de modificar la situación mediante una acción decidida.

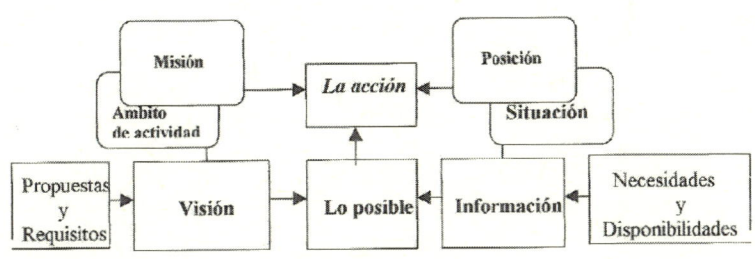

Fig. 16

Las competencias se evalúan en función de la información que se tiene sobre la realidad, externa e interna, y de la labor que se pretende desarrollar. La información se concreta en el conocimiento de **la situación** y la determinación de la propia **posición** respecto al entorno, definiéndose la labor a realizar mediante la selección del *ámbito de actividad* y concretándola mediante **la misión** que la empresa se auto asigna en función de sus intenciones y competencias.

El *ámbito de actividad* delimita el tipo de necesidades que desearnos atender, concretándose en el conjunto de mercados que pensamos servir y en la gama de bienes y servicios que pensamos producir.

La visión no especifica ningún tipo de recurso, pues los presupone, poniendo el énfasis en los objetivos.

La misión surge inducida por la visión al determinarse ésta corno intención, definir los recursos necesarios y comprometerlos al logro de los objetivos presuntamente realizables.

Visión *es la representación de lo que consideramos deseable lograr y posible realizar de poder contar con los medios adecuados.*

Misión *es la expresión de lo que nos proponemos conseguir con los medios con que contamos o esperamos obtener.*

El paso de la visión a la misión supone una serie de compromisos propios y ajenos. A la vez que se define una especificación del negocio que permite aglutinar el consenso de los miembros de la empresa en base a su asunción de los términos de la misión, comprometiéndose personalmente con ellos al hacerlo. El proceso de ir concretando la misión como un proyecto genérico, se configura en un propósito firme, al ir comprometiendo recursos a los objetivos asumidos.

Para ello, la misión requiere de un aporte de **información sobre las necesidades** y disponibilidades de la realidad, que se obtiene corno fruto de una investigación orientada por la visión. La información así obtenida sobre la disponibilidad de los recursos necesarios, su operatividad y la oportunidad de dedicarlos a la misión forma parte del conocimiento que se tiene de la **posición de la empresa** y de la **situación del entorno.**

Para *von Clausewitz,* la **visión** era *"la capacidad de percibir salidas, definir cursos de acción que conduzcan a la victoria, aun en los momentos más negros".*

El punto de vista de Clausewitz llama nuestra atención sobre un aspecto de la estrategia sumamente importante: que está íntimamente ligada a la táctica, preparándola y corrigiéndola.

Contenido de la misión

El reto de lo deseable

La misión es una declaración que pretende describir *la razón de ser de una empresa*, focalizando el consenso entre sus miembros y promoviendo el compromiso de los recursos necesarios para realizarla.

La declaración puede reducirse a una frase o extenderse a un par de folios y suele hacer referencia a temas tales como:

- ☞ Los clientes
- ☞ Los beneficiarios
- ☞ La industria
- ☞ Los productos
- ☞ Los mercados
- ☞ La actividad
- ☞ La calidad
- ☞ La cantidad
- ☞ La geografía
- ☞ Los canales de distribución
- ☞ El crecimiento
- ☞ El riesgo
- ☞ Los objetivos
- ☞ Los recursos
- ☞ Las competencias
- ☞ La seguridad
- ☞ Cualquier otro aspecto del negocio

Ejemplos de misiones

Lever Brothers   Empresa de detergentes

Estamos en la industria de fabricar cualquier cosa que limpie cualquier cosa

Banco Ranier   Banco

Nuestro objetivo no es ser los mayores. Eso sería absurdo. Pero, aunque suene utópico, nada nos impide ser los mejores del país.

Westinghouse   Fabricante de electrodomésticos.

Es el propósito de Westinghouse, en todas sus decisiones y acciones, obtener y mantener lo siguiente:

1. *Un flujo continuo de beneficios que nos coloque en el grupo de cabeza por rentabilidad sobre capital invertido.*

2. *Un crecimiento sostenido de beneficios y volumen de ventas, por encima de la media de la economía nacional.*

3. *Distribuir los aumentos de productividad entre el personal, los accionistas y el público.*

4. *Orientar el diseño, la producción y la comercialización en bases mundiales.*

5. *Dar respuesta a las necesidades de los clientes.*

6. *Contar con una línea de productos dinámica con la continua edición de nuevos y mejores productos.*

7. *Seguir lo más exigentes estándares en todos los negocios.*

8. *Mantener un entorno en el que todos los empleados estén motivados a producir con toda su capacidad y creatividad y puedan alcanzar el mayor grado posible de satisfacción en el trabajo_*

Esos ocho puntos son indivisibles.

Hullera Vasco Leonesa   Minería

Ser líderes en la investigación, explotación, tratamiento y comercialización, a costes competitivos, de cualquier recurso minero, sea o no energético, con alto grado de seguridad y respetando el medio ambiente.

Lockheed   Armamento

Los propósitos básicos de Lockheed son:

1. *Ser la mayor empresa satisfaciendo, en el más alto sentido técnico, las necesidades de la defensa de la seguridad de los Estados Unidos y sus aliados en **el espacio, el aire la tierra y el mar.***

2. *Lograr un crecimiento continuo y los **beneficios suficientes** para atraer y retener inversores y accionistas.*

3. *Reconocer y asumir nuestra responsabilidad por la situación de nuestros empleados y las comunidades en las que tenemos instalaciones.*

4. *Mantener una elevada proporción del mercado de alta tecnología*

5. *Emplear recursos técnicos para atender necesidades no defensivas de los gobiernos.*

6. *Mantener continuidad en la empresa mediante el mínimo nivel de cambio de accionistas, dirección y empleados.*

Royal Dutch-Shell   Petróleo

Los objetivos de Shell son los de *involucrarse con eficiencia, responsabilidad y rentabilidad en negocios de petróleo, gas, química y otras industrias selectivas y participar en la investigación y desarrollo de otras fuentes de energía.*

Petroperú   Petróleo

Nuestra misión: *Recibir y transportar el petróleo que se produce en los campos de la selva para embarcarlo hacia los centros de consumo nacional e internacional, en forma eficiente y competitiva, manteniendo un compromiso ético con todos aquellos con los cuales se relaciona, buscando la Excelencia, para la satisfacción de sus Clientes, la realización de sus Recursos Humanos y la preservación del Medio Ambiente.*

Universidad de Navarra   Enseñanza superior

Transmitir la cultura y la tecnología con calidad y ética a la sociedad, a fin de satisfacer sus necesidades y ampliar, mediante la investigación, el caudal cultural de conocimientos científicos y humanos.

Posición

Analizando el entorno

La necesidad de conocer la realidad

La empresa necesita **conocer la realidad en la que se mueve,** por lo que requiere poder **disponer de información interna y externa** sobre esa realidad. Necesita tener un conocimiento del entorno, información sobre una colección de hechos críticos, ajenos a la entidad pero relacionados con su misión. Pero esa información deberá complementarse con una información sobre la propia empresa. La confrontación de ambas informaciones: externa e interna, deberá sintetizarse en **un conocimiento de la situación de la economía del sector,** así como de la posición de la empresa en su sector.

La posición es el lugar ocupado por la empresa dentro del mercado, tomando a los competidores como referencia. Hay que diferenciar entre la posición realmente ocupada y *la imagen* que el mercado percibe y toma como posición de la empresa. El conocimiento de la posición requiere una investigación empírica que permita identificar y medir los diversos factores que determinan las coordenadas del negocio.

Hay que distinguir el posicionamiento en el mercado, que involucra los aspectos externos de la empresa, hace referencia al comportamiento de sus productos en el mercado y determina su imagen pública; del posicionamiento interno, determinado por la competencia y solvencia de las capacidades de la empresa.

De la consideración de ambos, deberíamos ser capaces de evaluar las competencias de la empresa y su relevancia para el mercado, de donde emana el consiguiente posicionamiento competitivo. En cada caso, habría que identificar las dimensiones de cada tipo de posición, partiendo del análisis de *los factores claves* que afectan a cada una de las dimensiones de la posición: imagen, solvencia y competencia.

Posicionamiento externo e imagen.

El posicionamiento externo de una empresa se define por la posición que ocupan sus productos en el mercado y se manifiesta en la imagen que el mercado tiene de ellos.

Según se midan la posición o la imagen, los índices a determinar tendrán un matiz distinto, dado que la posición externa es, en un caso: vista desde la empresa, mientras que, en el otro: vista desde el mercado.

Así, podemos señalar la doble lista siguiente:

Posición externa	Imagen
Calidad	Nivel de satisfacción
Costes-márgenes	Precios
Cualificación	Atractivo
Identificación	Reconocimiento
Dimensión	Tamaño
Diseño	

Para la empresa, cada uno de los factores que localizan la posición, son parámetros que podrían modificarse estratégicamente, sacrificando, en ocasiones, unos a otros. Pero los componentes de la imagen son percibidos como los que son en su conjunto.

La posición constituye un elemento de la identidad de la empresa, mientras que la imagen permite identificarla con un determinado tipo de negocio, es un elemento de discriminación que permite clasificar a la empresa dentro de la tipología asumida por cada segmento del mercado.

Medida de la posición

Si tomamos un elemento de la posición, como puede ser el atractivo de un local comercial, encontramos que depende de una serie de factores, como la accesibilidad, la decoración, la limpieza, la iluminación, la ventilación, la presentación de los productos, el surtido, el personal,...

Hemos de diferenciar entre las dimensiones de la posición, que miden la localización actual, de las variables promocionales que buscan provocar un desplazamiento de la imagen en la dirección deseada, buscando la captación de nuevos clientes y estimulando la fidelidad de los actuales.

Hay indicadores que, una vez definidos, los podríamos estimar directamente; por ejemplo, podemos definir la conveniencia de un local por el cociente entre el volumen de ventas y el tiempo dedicado a la compra de un importe determinado de bienes por cada cliente que visita el local. Pero otros indicadores, como los de calidad, presentación, estilo, son variables complejas, a las que se podría acceder y medir mediante técnicas estadísticas de análisis de componentes y análisis factorial.

Por ejemplo, si comparamos a nuestra empresa respecto a los competidores mediante dos parámetros, podremos visualizar nuestra posición en un diagrama plano.

Si tomamos por parámetros rentabilidad y crecimiento, tendríamos:

Rentabilidad

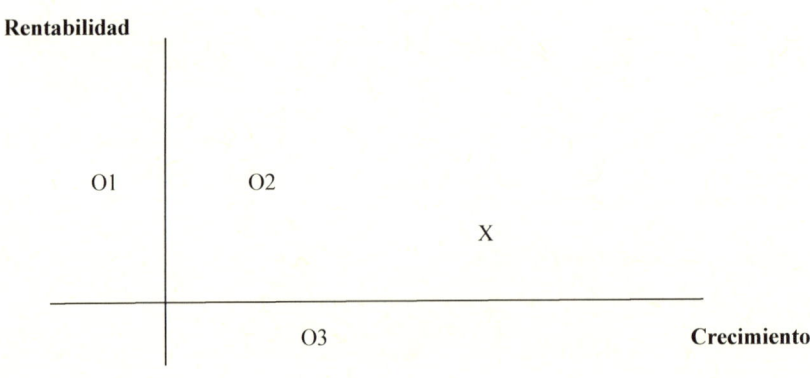

Si los factores fuesen tres, el diagrama sería tridimensional. Cuando los factores considerados son cuatro o más, una vez identificados y evaluados, conviene proyectarlos gráficamente en un diagrama radial normalizado, facilitando con ello la visualización de la posición relativa respecto a la que ocupan los principales competidores, siendo aconsejable que los ejes de esos gráficos tomen por origen la media del mercado.

Entre los factores a tener en cuenta para medir la posición interna, se pueden considerar aspectos tal corno:

Poción Interna

- Solvencia
- Recursos propios
- Facturación por empleado
- Motivación y clima laboral
- Nivel tecnológico
- Cartera de productos y servicios
- Coordinación y Sinergia

Cada índice se ha de definir en base a una o un conjunto de variables que hemos de identificar y evaluar en función del tipo de negocio. Ni el nivel tecnológico ni el clima laboral son datos que se puedan medir objetivamente, hay que evaluarlos mediante medidas indirectas. Por ejemplo, el clima laboral se puede evaluar por el absentismo, el número de quejas, la rotación laboral, etc. Los métodos para confeccionar índices significativos consisten en combinar datos objetivos medibles a fin de obtener indicadores globales.

Los índices son descriptivos, no parten de hipótesis, sino de datos reales que combinados permiten distinguir una situación de otra y evaluar el progreso o deterioro que se está produciendo. La evolución podrá representarse gráficamente.

Herramientas para el posicionamiento estratégico

Existen diferentes técnicas, ya clásicas, para documentar y analizar información que facilitan un conocimiento práctico de la propia situación y marca una pauta a tener en cuenta al trazar la estrategia y la evolución a seguir. Cada uno de ellos determina una reflexión estratégica que ayuda a su desarrollo. El análisis de la posición de una empresa se puede enfocar desde diferentes perspectivas, obteniendo distintos datos básicos según sea la técnica que se utilice, tales como:

- Proyecto de negocio
- Plan financiero
- Análisis DAFO
- Matriz productos /mercados
- Factores claves del éxito
- Análisis de competencias
- Análisis de impactos
- Revisión de los sistemas
- Fase de ciclo de vida
- Análisis de la estructura
- Análisis de los productos
- Análisis de los procesos
- Análisis de la cadena de valor
- Análisis de las tendencias
- Matriz de Ansoff
- Análisis de PESTEL
- Las cinco fuerzas de Porter
- Mesa de operaciones
- Sistema ASANA
- Planificación temática
- Seguimiento y control

1. Proyecto de negocio

El primer tema de estrategia que ha de tener claro todo emprendedor es definir con claridad la actividad que va a desarrollar su empresa, qué se va a hacer, dónde va a operar y con qué medios. Es decir, *definir la Misión*

2. Plan financiero

Siendo la supervivencia el principal objetivo de toda empresa, lo siguiente que deberá hacer todo empresario es un plan financiero, *a fin de asegurar la liquidez y solvencia de la empresa* que aseguren su futuro.

Entendemos por *liquidez* la situación en la que *los activos líquidos* de la empresa, caja más bancos, *superan al* total de las deudas a pagar a corto plazo. Entendemos por *solvencia* la situación en la que *los activos propios superan a los activos ajenos.*

La falta de liquidez puede llevar a la empresa a *suspensión de pagos* y **la falta de solvencia** podría *producir la quiebra* de la empresa. En una quiebra hay que vender todos los activos de la empresa y dedicar los recursos que de esa operación se obtengan para pagar a los acreedores por el orden de prioridad que establece la ley, pagando primero al Estado las deudas fiscales, después a los empleados, abonándoles las nominas debidas, luego al resto de deudores y *finalmente, si queda algo, a los accionistas en proporción a su cuota de participación en la empresa.*

3. Análisis DAFO

El método DAFO se fundamenta en el aforismo estratégico de *"explotar las posiciones de fuerza y proteger las debilidades, debilitando las amenazas y aprovechando las oportunidades"*. El análisis DAFO supone considerar:

- Puntos Fuertes   Puntos Débiles

- Amenazas   Oportunidades

Un problema real en la evaluación de la posición por este procedimiento es la reticencia natural a reconocer las propias debilidades y la tendencia a ignorar las amenazas reales. *Las amenazas hay que prevenirlas, las oportunidades aprovecharlas, los puntos fuertes defenderlos y potenciarlos y lo puntos débiles corregirlos.* Las amenazas y oportunidades son externas a la empresa y los puntos fuertes y débiles internos.

4. Matriz productos mercados

Se ha de diferenciar entre:

* Mercados en los que se está presente
* Mercados de los que se está ausente
* Productos que se están comercializando
* Productos que se podrían comercializar

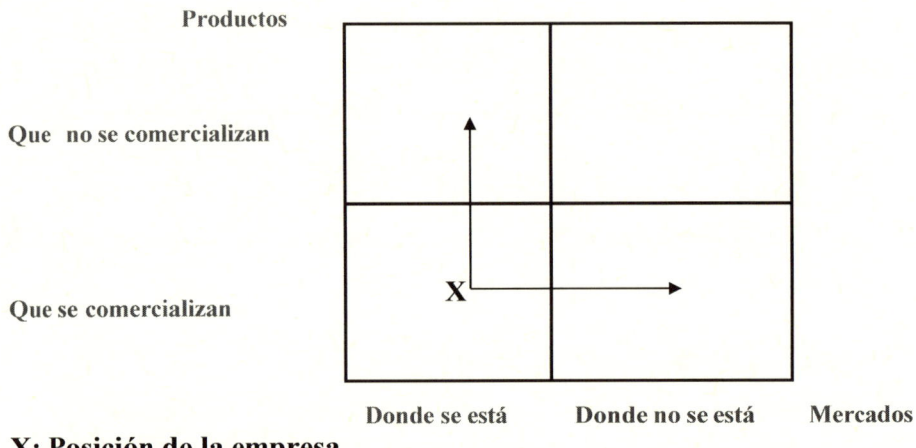

X: Posición de la empresa

Rutas de emigración ⟶

Lo aconsejable es extender la venta de los productos con éxito desde los mercados en los que se está presente a mercados nuevos e introducir los productos nuevos en los mercados ya conocidos, evitando la expansión diagonal de acometer mercados en los que no se tiene presencia con productos nuevos.

5. Factores clave del éxito

Relación de aquellos *factores que son críticos para el efectivo desarrollo de la misión de la empresa.*

Por ejemplo, para un banco, podrían ser factores claves:

El tipo de interés, el saldo medio por cliente, el número de fallidos en el año, el diferencial entre activo y pasivo, el pasivo por empleado, el número de oficinas,...

Para una petrolera son factores clave el precio del crudo y la cotización del dólar.

Para un fabricante de motores eléctricos es factor clave el precio de cobre y para un fabricante de baterías el del litio.

Para un hotel es factor clave el porcentaje de ocupación.

6. Análisis de competencias

Relación del **conjunto de capacidades** organizativas, creativas, transaccionales y operativas que nos permiten satisfacer con eficacia, calidad y nivel tecnológico adecuado los requisitos que el mercado exige de productos y servicios, que producimos o distribuimos.

7. Análisis de impactos

Determinar l*a repercusión que puedan tener en el desarrollo de la empresa determinados acontecimientos* y desviaciones del valor de parámetros críticos para la rentabilidad, mediante un análisis de sensibilidad al impacto.

Por ejemplo, podríamos medir el impacto que tendría en nuestros resultados un determinado aumento del precio del crudo, una bajada del tipo de interés o una alteración de la cotización del dólar o del precio de una determinada materia prima clave para nuestra producción,...

8. Revisión de los sistemas

Estudiar de forma integrada y detallada los sistemas de información y documentación que utilizamos, *analizando las posibilidades de automatización y mejora* en de cada uno de ellos.

9. Análisis de los productos

Incluyendo:

* Curvas Rentabilidad / Riesgo
* Curvas Crecimiento/Rentabilidad
* Curvas de Crecimiento/Supervivencia de productos
* Matriz Beneficio/Antigüedad de cada producto en catálogo

10. Análisis de la estructura

Revisando la **organización** y las **Unidades de Negocio** junto con la adecuación de las competencias a los requisitos del mercado y el equilibrio de las funciones, calificaciones, equipamiento y habilidades de nuestra empresa.

Determinar las funciones centralizadas y descentralizadas y el nivel al que se produce la centralización: Local, Regional, Nacional, Continental o Global, replanteándose la estructura actual. *La organización consiste en estructurar los recursos de la empresa con intención de optimizar los resultados.*

11. Análisis de los procesos

- Estudiar el ciclo diseño-comercialización
- Estudiar si interesa producir o comprar
- Estudiar el proceso de compras
- Estudiar la gestión de almacenes
- Estudiar los procesos de fabricación y montaje
- Estudiar los procesos y canales de distribución
- Estudiar los procesos administrativos
- Estudiar los procesos de selección y contratación del personal

12. Análisis de la cadena de valor

Estudiar cada fase del proceso de elaboración de productos o servicios *en la que se incorpora valor añadido*, ya sea una fase externa o interna, determinando su contribución al valor del producto final.

La **cadena de valor** *analiza las actividades que contribuyen a la elaboración de productos y servicios* de la empresa, *analizando lo que cada tarea aporta y lo que cuesta,* con el objetivo de mejorar la rentabilidad mejorando los procesos. En toda empresa hay *tareas primarias* y *tareas secundarias*. Las primarias aportan valor a los productos o servicios y las secundarias son auxiliares, como la contabilidad, el mantenimiento, la limpieza, la seguridad, la dirección.

El análisis de la ***cadena de valor*** incluye la revisión de la integración y coordinación de los procesos y el análisis de cada tarea en busca de su simplificación o mejora tanto del sistema de elaboración como de los productos que se elaboran. Los objetivos del análisis de las cadenas de valor son: ***descubrir cambios que simplifiquen los procesos, reduzcan los tiempos o los costes, se aumente la producción o bien, mejoren los productos.*** En la revisión de la cadena de valor debieran incluirse los principales proveedores y la labor de los subcontratistas.

13. Análisis de tendencias

Entre las tendencias a seguir se deben incluir aspectos como:
- Tendencia de crecimiento o contracción de los mercados
- Envejecimiento de la plantilla
- Obsolescencia del equipamiento
- Evolución de la competitividad
- Evolución de los precios de nuestros productos o servicios y de las compras
- Innovaciones en la competencia

Hemos de tener en cuenta que, como afirmaba ***von Clausewitz***, ***nunca podemos conocer la situación a la perfección.*** De la evaluación de las propias competencias y el efecto de las tendencias sobre la ***posición*** y la ***misión,*** deberán revisarse, mediante una reflexión estratégica, reconsiderando periódicamente los ***objetivos*** a perseguir y los ***proyectos*** a desarrollar, para potenciar y aprovechar nuestras competencias y nuevas oportunidades. Sin dejar de considerar **nuestra capacidad de *innovar.*** Una función de contar con objetivos es tener una referencia para evaluar los resultados.

14. Matriz de Ansoff

La matriz de ***Ansoff*** analiza la ***relación Productos–Mercados*** con el objetivo de determinar la ***dirección del crecimiento,*** tanto introduciendo nuevos productos o entrando en nuevos mercados.

El objetivo en detectar nuevas oportunidades y diseñar modos de diversificación.

Matriz de Ansoff

		Productos	
		Actuales	**Nuevos**
M **E** **R**	**Actuales**	Penetración de Mercados • Clientes actuales	Desarrollo de Productos • Nuevos modelos • Nuevos diseños
C **A** **D** **O**	**Nuevos**	Desarrollo de Mercados • Nuevos canales • Otros países	Diversificación Buscar nuevos clientes Y nuevos mercados

El objetivo es *definir áreas de crecimiento Al planificar el crecimiento se ha de pensar en su sostenibilidad a largo plazo.*

15. Análisis PESTEL

El análisis PRESTEL es un método para ayudar a *identificar los aspectos del entorno de la empresa* que afectan los resultados de la misma. El nombre de PESTEL viene de las iniciales de los **factores *Políticos, Económicos, Sociales, Tecnológicos, Ecológicos y Legales.*** Son **factores externos a la empresa** que determinan *su entorno Sociocultural, Político y Económico*. Dentro de los aspectos sociales, son especialmente importantes para toda empresa el desarrollo tecnológico local y el mercado laboral. El seguimiento de los factores externos a la empresa más relevantes, facilita **la identificación de *amenazas* y *oportunidades* ante los cambios** y anticipar la gestión de riesgos.

El método para realizar el análisis PESTEL incluye:
• Hacer una lista de los factores a seguir

- Identificar las variables de cada factor más relevantes para la empresa
- Hacer una tabla con las variables seleccionadas de cada factor
- Hacer seguimiento sistemático
- Identificar tendencias y grandes cambios
- Detectar amenazas y oportunidades debidas a los cambios

Ejemplo de tabla: **Identificación de variables por factor**

Políticos	Económicos	Socioculturales
Acuerdos internacionales	Tipos de interés	Natalidad
Cambios políticos	Tipos de cambio	Hábitos de consumo
Terrorismo	Crecimiento económico	Nivel cultural
Tecnológicos	**Ecológicos**	**Legales**
Nuevas energías		
Desarrollo robótico	Epidemias	Legislación antimonopolio
Desarrollo IA	Nivel de contaminación	Presión fiscal

Cada tipo de industria y empresa debe identificas las suyas. La natalidad es más importante para un centro de enseñanza y los tipos de interés son críticos para la banca.

La metodología consiste en identificar las variables significativas para la actividad de la empresa en cada uno de los factores, hacer un seguimiento sistemático de ellos y ***tomar decisiones en función de su evolución o tendencia.*** Pensemos que, por ejemplo, que en las guerras, muchas empresas de fabricación han de cambiar su labor productiva para fabricar armamento. O recordemos el impacto de una epidemia en la economía. Tengamos presente que todo cambio crea tanto amenazas como oportunidades.

Como ejemplo de la importancia de los factores clave y del análisis PESTEL del entorno, recuerdo el caso de un cliente, una fábrica de papel de fumar a partir del esparto que había en Almería, que tenía un problema estratégico: solo tenía un cliente, una empresa inglesa.

Ante una fuerte devaluación de la libra esterlina, no pudieron reducir los precios al nivel que su cliente les exigía y tuvieron que cerrar. Un ejemplo bélico del impacto de un cambio geopolítico externo, lo tenemos durante la Primera Guerra Mundial, cuando la revolución rusa permitió a los ejércitos de Alemania y Austria retirarse del frente Ruso y reforzar el frente occidental, afectando la seguridad de los aliados, principalmente las de Francia e Italia, totalmente ajenos a Rusia. Recordemos que fue Alemania, quien había facilitado el viaje de Marx a Rusia a través de Alemania con la intención de desestabilizar a Rusia. Por el contrario, la entrada en la guerra de los EE.UU. por voluntad del Presidente Wilson, provocó la derrota alemana, salvando tanto a Francia como a Italia de perder la guerra.

Recomiendo que se revise regularmente la evolución de esos factores y, si no se hace un análisis PESTEL, no se deje de hacerse un *Análisis de Impacto* cada vez que se produzca un gran cambio que afecte a la empresa, como un cambio de régimen político, una guerra o cambios menores pero relevantes para la actividad de la empresa como una devaluación monetaria, un cambio en los tipos de interés, una inflación o una escasez de alguna materia prima o componente utilizado por la empresa.

16. Las cinco fuerzas de Porter

Las cinco fuerzas de Porter constituyen un método para evaluar la competencia a la que estamos sometidos en el mercado, nuestra propia competitividad y nuestra capacidad de negociación. Tenemos que tener en cuenta las leyes antimonopolio, pero hay acuerdos que son legales y beneficiosos para ambas partes, como las fusiones de empresas o las Joint Ventures o acuerdos temporales de empresas para realizar un proyecto en colaboración, por ejemplo, una gran obra civil para la que ninguna de las empresas asociadas temporalmente tienen capacidad para realizarlo en solitario.

Las cinco fuerzas de Porter

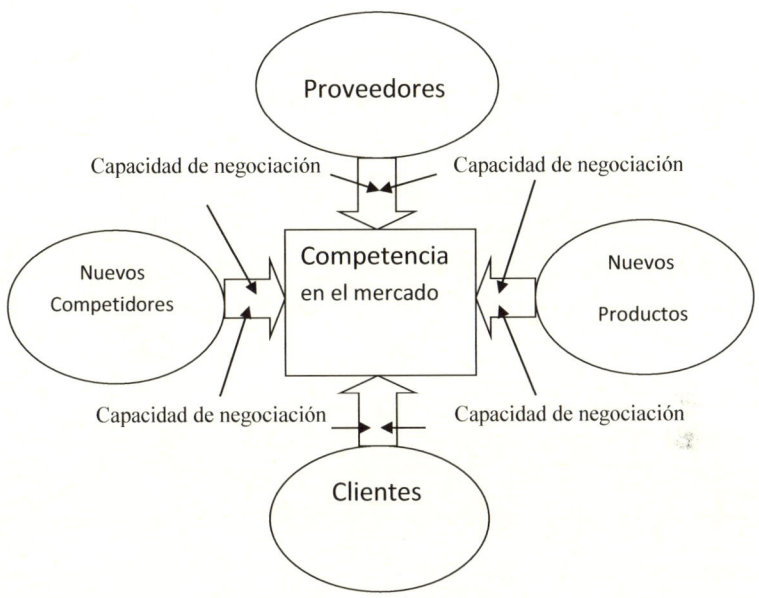

El poder de negociación de los Clientes aumenta cuantos más productos y proveedores tienen a su disposición. Los grandes clientes pueden aumentar su poder en el mercado mediante asociaciones de consumidores

Los sindicatos son determinantes en las relaciones del mercado laboral

Nuestro poder aumenta con la cuota de mercado de nuestros productos, siendo función de nuestros precios y la calidad de nuestros productos

El poder de los competidores aumenta con su volumen de ventas y la competitividad de sus costes.

El aumento de las rivalidades entre productores tensiona el mercado pero beneficia a los consumidores

El valor de un producto en el mercado está en función de su relación calidad/precio

El análisis de esos factores ayuda a posicionar nuestra empresa y productos en el mercado

17. **Mesa de operaciones**

En las Mesas de Operaciones de los Estados Mayores de los ejércitos se utilizan una serie de conceptos de estratégica que, si bien están pensados para planificar y coordinar operaciones de combate, tanto ofensivas como defensivas, son útiles como pautas orientativas y fuentes de inspiración a la hora de desarrollar planes estratégicos empresariales. Utilizando algunos de esos términos, podemos enumerar una secuencia que nos guie en el proceso de elaborar un Plan Estratégico o como control de la calidad de un plan ya desarrollado.

Por ejemplo:

1. Detección de Amenazas y Oportunidades
2. Análisis de la situación
    i. Planteamiento
    ii. Alternativas
    iii. Análisis más probable
    iv. Definición de Objetivos

3. Propuestas de Acción
4. Necesidades de Información de apoyo a la decisión
5. Líneas de acción
    i. Principal
    ii. Secundarias

6. Análisis de Capacidades y Restricciones
7. Análisis de Riesgos
8. Planificación
    i. Planes de Acción
    ii. Planes de contingencias

9. Requisitos logísticos:
    • Necesidades materiales
    i. Proveedores
    ii. Plan de Compras
    iii. Plazos de entregas

- Necesidades de personal
  i. Reclutamiento
  ii. Asignación de funciones y tareas
  iii. Necesidades de Formación

- Requisitos de información de apoyo a la ejecución
  i. Externos
  ii. Internos

  iii. Desarrollo del sistema de Información
  iv. Comunicaciones
  v. Medios de Transportes
  vi. Presupuestos
  vii. Financiación
  viii. Organigrama y líneas de mando
  ix. Ejecución
  x. Seguimiento y Control

18. Sistema ASANA

La palabra Asana es del sánscrito, está tomada del Yoga, y significa postura o estado. El sistema Asana está pensado para ayudar a planificar y controlar los proyectos que han de desarrollarse en equipo, para coordinar las actividades de los miembros del equipo...

Las principales herramientas son los ***diagramas de panificación tipo Gant***t. Los diagramas Gantt son representaciones gráficas del tiempo de duración previsto para cada tarea.

La idea es lograr que el equipo trabaje sin interrupciones y coordinadamente, aprovechando el tiempo y cumpliendo los plazos. Conviene reducir las reuniones de trabajo a lo esencial y no dispersarse en ellas, yendo a ellas con una agenda a resolver problemas reales y concretos.

Diagrama Gantt

Como vemos en el diagrama del ejemplo, hay tareas que pueden irse desarrollando en paralelo, como la Tarea 2 y la 3 pero, como es el caso de la Tarea 4, algunas han de esperar a que concluyan otras para poder empezar. En el ejemplo, la Tarea 3 condiciona el inicio de la Tarea 4, para que la 4 pueda empezar, debe haber terminado la anterior.

En la actualidad, la informática proporciona sistemas que facilitan la planificación y seguimiento de los proyectos y la elaboración y actualización de los gráficos correspondientes. Incluso hay aplicaciones que funcionan en teléfonos móviles y permiten a los miembros del equipo estar en contacto permanente y coordinado, compartiendo en directo los cambios que se van produciendo en la información sobre el proyecto por cualquiera de los miembros del equipo, lo cual facilita el evitar reuniones de coordinación frecuentes.

19. Planificación temática

El profesor *Igor Ansoff* aconsejaba elaborar planes estratégicos temáticos dentro de todo plan corporativo:

• Plan de desarrollo corporativo
• Plan financiero
• Plan de desarrollo de productos
• Plan administrativo
• Plan de investigación y desarrollo
• Plan informático
• Plan de automatización y robótica

A cargo cada plan parcial debiera estar el responsable departamental correspondiente a cada tema.

20. Seguimiento

Todo plan estratégico ha de tener un seguimiento que verifique el **grado de cumplimiento** real, **respecto a lo previsto en el plan**. En las empresas, el seguimiento del plan estratégico se realiza respecto al **presupuesto anual.** Durante mi vida profesional, solía recomendar a mis clientes que realizasen el seguimiento estratégico mediante un **Cuadro de Mando,** elaborado con gráficos sobre la evolución de los factores clave de la empresa, en los que se fuesen recogiendo los datos de progreso mes a mes, comparándolos con los datos del presupuesto. El cuadro de mando se iniciaba con **un informe inicial analizando sintéticamente la evolución,** en la que se resaltaban las principales desviaciones respecto a lo presupuestado, sugiriendo medidas correctoras. También en mi propia empresa teníamos un Cuadro de Mando similar de gran utilidad. El número de gráficos de estos informes suele estar entre 7 y 11, dependiendo de la complejidad de cada empresa. Además de **los factores clave**, no debe faltar un grafico con el **Flujo de Caja**, que incluya **pagos**, **ingresos** y **saldo de caja** y bancos, junto con otro gráfico, en la misma hoja, con los **vencimientos de la deuda más inmediatos,** para **controlar la liquidez**, además de un grafico con el seguimiento de la **evolución de la deuda**, desglosada en deuda a largo y a corto, comparándola con los fondos propios, para **controlar la solvencia.** Es aconsejable seguir la **evolución de los costes** totales y desglosados temáticamente: alquileres, energía, personal, viajes, impuestos... Tampoco ha de faltar un gráfico con el desglose de las **ventas**. Evidentemente, los gráficos deberán ser elaborados y actualizados automáticamente por el ordenador, a partir de los datos contables y de gestión. Se comercializan programas que realizan cuadros de mando automáticamente, pero cada empresa puede desarrollar el suyo con la ayuda de un programa de gráficos.

Organización y estructura de la empresa

Pilares de la competitividad

La organización determina la forma y el resultado de la integración de los recursos y el modo en que se configuran y relacionan entre ellas las capacidades de la empresa y cómo se estructuran las líneas de mando, condicionando el nivel que alcanzarán las competencias de cada puesto, por tanto, la competitividad de toda empresa queda afectada profundamente por su organización.

Inicialmente, las empresas tendieron a organizarse según se estructurase su actividad o bien por la forma de clasificar la gestión de los recursos. De tal manera, que una visión retrospectiva de los viejos *organigramas* nos muestran como, de la dirección general, dependían los subdirecciones de compras, producción y ventas o, alternativamente, de la dirección general dependían los subdirectores de materiales (almacén y fábrica), personal y finanzas. Una estructura mixta, muy generalizada, establecía los departamentos de compras. producción, almacén, ventas y, por otra parte, administración con contabilidad, personal y finanzas.

Mientras el volumen no era grande y la actividad era local, la anterior estructura se mantuvo, respondiendo al crecimiento con la fragmentación y posterior estructuración de los nuevos departamentos, dando lugar a estructuras fuertemente jerarquizadas. La internacionalización de la actividad desencadenó otra secuencia de evolución organizativa de creciente complejidad, cuya historia se ve jalonada de una serie de fases:

Fase de expansión comercial. El salto de las fronteras nacionales lo inicia la empresa por ambos extremos de su proceso productivo: la compra en el exterior de materias primas de difícil obtención local y la búsqueda de mercados extranjeros donde colocar los *superávits* de su producción. En esta primera fase, el comercio con el extranjero se limitaba a ser una actividad más dentro de los departamentos de compras y ventas o creando un departamento de Mercado Exterior.

Fase de consolidación del comercio internacional. A medida que las actividades exteriores de las empresas aumentaban, un mejor conocimiento de los mercados internacionales descubrió a muchas de ellas los beneficios extraordinarios que se podían obtener de las grandes diferencias de precios entre los diferentes mercados mundiales. No sólo se podían comprar fuera esas materias primas escasas y caras en el país, sino que se podían obtener más baratas que en el mercado nacional o, incluso, fabricar nuestros productos en otros países. Igualmente, no sólo era posible vender en el exterior productos fabricados en exceso a la demanda local, si no que se podían vender más caros o lograr un mayor volumen de ventas y fabricarlos más baratos, con un coste inferior de los factores de producción.

Pero las tareas de compra y venta con el exterior son complejas, aparecen los riesgos de tipo de cambio, al crecer el volumen aumenta el riesgo y los trámites de exportación e importación son laboriosos. Nacen los departamentos de exportación e importación, cuyos agentes hacen esporádicos viajes en busca de proveedores y clientes. Se inicia una era de incipiente internacionalización de los mercados que algunas empresas aprovechan.

Fase colonial. Los mercados del mundo están abiertos para que las empresas compren y vendan en ellos, pero las esporádicas operaciones iniciales se desea hacerlas más continuas y estables, a la par que se busca apartar a la competencia de las oportunidades descubiertas. El agente de ventas y compras que recorre las ciudades en busca de una operación comercial es sustituido por delegaciones permanentes, con frecuencia bajo la protección de una presencia diplomática del gobierno del país cuya nacionalidad ostenta la empresa.

En vez de comprar mineral extranjero se compran minas; en vez de caucho, sus plantaciones; en vez de atender desde el país de origen a los clientes, se monta una red de distribución local en los países extranjeros. Al departamento de exportación le sustituye una división internacional, de la que dependen delegaciones y filiales que empiezan a surgir a lo largo de la geografía. En ocasiones, como en el caso de la

Compañía de las Indias, algunas empresas son el instrumento colonial de los gobiernos.

Fase de las concentraciones. Los países industrializados se encuentran simultáneamente como colonizadores y colonizados. La competencia se produce fuera y dentro de las fronteras. La solución estratégica consiste en aumentar de tamaño y surgen las grandes alianzas, los trusts, los carteles que se reparten el mundo con mayor o menor fortuna y los países extienden su poder colonial para cubrir políticamente las operaciones de las empresas que operan bajo su pabellón.

La estructura de cada empresa no cambia, pero por encima de las empresas surgen los departamentos administrativos del cartel que fijan objetivos, reparten mercados e imponen las reglas operativas. Son los primeros organismos empresariales de carácter internacional. Ha sonado la hora de la internacionalización de la estrategia.

Reacción nacionalista. Los países reaccionan al colonialismo comercial con el mismo antídoto que se emplea contra el colonialismo militar y político: surge el nacionalismo empresarial. Con él crecen las tarifas aduaneras, se multiplican las legislaciones exigiendo un mínimo de componentes nacionales en los productos industriales y aparecen las cuotas a la importación.

Las empresas saltan esas barreras proteccionistas instalando fábricas al otro lado. Establecer una fábrica en los países clientes tiene sus ventajas: se evitan las tarifas, se acortan los plazos de entrega al reducirse los transportes, se evita el riesgo de tipo de cambio, se puede disfrutar de una mano de obra local generalmente más económica y se adquiere una imagen de ciudadanía ante las autoridades y los clientes. El nacionalismo se alía a quienes saltaron la frontera productiva, protegiéndoles de los que quedaron fuera.

La estructura que la empresa adopte, en cada país, en aquellos donde se trasplanten las fábricas de producción, reproducirá la estructura funcional de la casa matriz. La nueva era es la de la internacionalización de la producción.

Fase de los flujos de capital. Establecerse en otro país requiere inversiones importantes. Hay que crear una empresa desde cero o bien, si se tiene prisa, adquirir una empresa local o, si se quiere empezar disminuyendo los riesgos, asociarse con un distribuidor local. Para todo ello hace falta dinero, mucho dinero, dinero que, en principio, suele venir de fuera. Siempre había viajado el dinero, pero en esa época adquiere un aspecto nuevo. Los denarios, dracmas y sestercios que se repartieron por el Mediterráneo eran monedas físicas que compraban bienes de consumo. Los dólares que viajan en ese periodo, en su mayoría, son transacciones bancarias que adquieren medios de producción, son inversión. Inversión que, a su turno, produce más dinero, un dinero que puede ser reinvertido donde se generó o regresar a su país de origen repatriado como dividendos. Dinero que se mueve en grandes sumas al repiqueteo del fax y que se acelera con los sistemas electrónicos de transferencia como *swift,* dinero que, de inversor, se irá mutando en el más volátil, especulativo y temido "***hot money***" de las crisis monetarias de fin de semana.

Esos pagos e inversiones pendientes por pedidos en curso, salarios de ejecutivos residentes en otro país, dividendos aprobados pendientes de distribución, deudas y abonos, inversiones líquidas en busca de medio punto más de rentabilidad, que van saltando de una divisa a otra en un huracán de crisis ante la brisa de un rumor de devaluación.

La función financiera será delegada por cada una de las empresas nacionales en un departamento central, heredero de la tradición coordinadora supranacional de los comités ejecutivos de los grandes carteles internacionales. Estamos en la era de la internacionalización de los recursos financieros y, una vez más, la nueva estrategia tendrá su reflejo en el organigrama.

En esta etapa se rompe el equilibrio entre las empresas europeas y americanas. Las primeras, faltos sus países de divisas y destruidas las fábricas y las infraestructuras por la guerra, dedican todos sus recursos a la reconstrucción nacional. Las pocas que intentan invertir fuera de sus fronteras, a excepción de las empresas suizas, tropezarán con las dificultades impuestas por sus gobiernos a la evasión de divisas. Por el contrario, el Gobierno de Washington exhorta a la industria privada americana a contribuir con sus inversiones a la reconstrucción de Europa y Japón. El resultado será, años más tarde, analizado con amargura por el director de "L'Express", se ha producido el desafío americano.

Fase europea. A raíz de la firma del Tratado de Roma, las empresas multinacionales iniciaron una revisión de sus organizaciones en Europa. Fueron los americanos los primeros en tomarse en serio al Mercado Común, empezando a considerar al viejo continente como una unidad económica. Una región geográfica en la que ni la diversidad de idiomas, ni la pluralidad de monedas ni el arbitrario trazado de unas fronteras tantas veces rectificadas por la historia, justificaban la multiplicación de directores generales, almacenes de distribución, créditos bancarios, personal administrativo y oficinas que duplicasen funciones país a país.

Varios factores contribuyeron a que las empresas americanas se anticipasen a las europeas a mirar y tratar al mercado europeo como una unidad socioeconómica:

- Los cuadros directivos americanos estaban acostumbrados a realizar una gestión integrada sobre un territorio de dimensiones continentales, sobre el que se asientan numerosos estados.
- La experiencia de la guerra había demostrado que Europa podía regirse por un mando unificado bajo control americano.
- La O.T.A.N. y el Plan Marshall probaban que era posible mantener en la paz acciones de cooperación europea bajo una estructura de mando norteamericana.
- El distanciamiento geográfico, socio-cultural y económico que, en la posguerra, separan al ciudadano medio americano del europeo, hace difícil para el primero poder captar la pluralidad de diferencias que se dan entre los distintos países europeos.
- Los mismos Estados Unidos eran la encarnación histórica del éxito de los europeos colaborando en una empresa común. Desde

el punto de vista americano, la partición europea se presenta más como un capricho político que como la materialización de realidades históricas y culturales.

La organización geográfica

Las empresas multinacionales se estructuraban por países, pero, a raíz de la creación de la Unión Europea, muchas empresas multinacionales se plantearon organizar sus divisiones internacionales por grandes zonas geográficas.

Europa, Sudamérica, Extremo Oriente, Africa y Sudeste Asiático, habían pasado a ser los nuevos nombres de los departamentos rectores locales que desde las oficinas de la casa matriz eran coordinados, Las oficinas centrales, situadas a miles de kilómetros, dirigían las operaciones de las filiales y delegaciones situadas en las diferentes regiones geográficas.

Ante la nueva situación europea, las empresas norteamericanas fueron las que comenzaron por trasladar a Europa las jefaturas de sus subdivisiones de los países europeos. Iniciando una nueva tendencia en la organización territorial en torno a 1973.

Londres o Dublín por la similitud del idioma y costumbres con las matrices norteamericanas, Dublín incluye, además, una atractiva legislación fiscal, Bruselas, por ser considerada por muchos como la "capital" del nuevo estado federal en construcción y Frankfurt, por su posición centroeuropea y potente mercado financiero, fueron las ciudades preferidas por las multinacionales americanas y japonesas para asentar las nuevas sedes de dirección y coordinación continental.

Al principio, el cambio apenas tuvo efecto en el quehacer de las filiales francesas, italianas, españolas o belgas. De momento, el cambio suponía que los molestos informes mensuales, trimestrales o anuales que se venían enviando a Nueva York, Chicago o Pittsburg ahora había que remitirlos a Frankfurt, Bruselas o Londres. Pero, bajo la aparente intranscendencia de un cambio de la dirección a donde había que remitir los informes de las oficinas nacionales, viajaba un concepto tan revolucionario como viejo: Europa es una unidad que tiene que ser tratada como tal unidad.

Con el traslado de funciones, vinieron de América algunos de los antiguos miembros de los departamentos europeos; otros se quedaron allá y sus puestos en la nueva central europea fueron cubiertos por europeos, quienes, además de conocer mejor el terreno, eran menos costosos que los ejecutivos desplazados, hablaban más idiomas y eran vistos por los "indígenas locales" como "compatriotas".

La proximidad del centro de decisión a los países que de ellos dependían permitía viajes más frecuentes, contactos personales más regulares, intercambios más fructíferos y, poco a poco, los directivos nacionales se fueron contagiando del espíritu paneuropeo y se fueron cambiando los métodos de gestión.

Se plantearon los problemas comunes y se les buscaron soluciones en común. Se unificaron procedimientos administrativos. Se intercambió personal entre los diferentes países, al principio como asignaciones temporales, luego a más largo plazo. Se armonizaron las necesidades financieras y se gestionaron en común los almacenes, se prepararon campañas de publicidad conjuntas, fomentándose la colaboración entre los países por cuantos medios se pudieron imaginar. Los mayores beneficios empezaron a sentirse cuando se integraron a nivel continental las funciones de gestión: compras, producción, finanzas, personal, logística.

Se abría la era de la multinacioalizaciòn de la gestión. Ello trajo la multinaciolización de la estrategia y de las tácticas continentales, junto con la multinacionalización de los equipos directivos.

En compras, se establecen oficinas de aprovisionamiento continental para proveer a todas las filiales. Como beneficios de la centralización se obtienen mejores precios, plazos de entrega más flexibles, mejor servicio a los clientes.

Un buen ejemplo nos lo ofrece la División Industrial de la empresa Singer en Europa, que centralizó todos los pedidos de sus filiales continentales, con objeto de satisfacer mejor la demanda de los clientes.

Previo a la centralización continental, cada filial nacional realizaba sus propios pedidos a fábrica según sus previsiones de ventas y contando con un plazo de entrega de tres meses. Cuando se recibían las máquinas en un país, siempre había algún cliente que solicitaba alguna máquina no incluida en la última remesa pero que podía estar disponible en otro país. Traer la máquina del otro país, suponía un problema de reexportación, con el consiguiente pérdida de parte de los aranceles y el coste adicional de transporte. Como alternativa a pedir cada país las máquinas a fábrica y esperar tres meses para recibir lo pedido, cada país seguía realizando sus previsiones de ventas y cursando sus pedidos, pero en vez de dirigirlos a la fábrica, situada en Karlsruhe, Alemania, lo remitía al centro europeo de suministros, desde donde se cursaban a las fábricas órdenes globales por la totalidad de lo previsto vender en el continente. Cuando a los tres meses se recibía la comunicación de que las máquinas pedidas estaban listas en fábrica para su envío, se ordenaba su distribución en función de las necesidades reales de los países en ese momento- Con independencia de quien había realizado el pedido original, las máquinas se enviaban al país que tenia pedidos de clientes en ese momento. Sólo aquellas máquinas por las que no había un cliente esperándolas, se remitían al país solicitante.

En Singer teníamos filiales que andaban escasas de tesorería en países donde se financiaban con créditos muy caros de la banca local, mientras otras filiales tenían exceso de liquidez. La nueva central europea, que se montó en Londres, negoció con un banco inglés, con filiales en toda Europa, acordando con ellos que los países con exceso de tesorería depositarían sus fondos a plazos fijos en oficinas locales del banco, como aval de préstamos que el banco haría a bajos intereses a los países deficitarios de dinero.

La distribución y venta de piezas de recambio la hacía cada país desde un almacén de recambios local, que se suministraba directamente de fábrica. La nueva directiva europea decidió suprimir todos los almacenes nacionales y centralizar los repuestos en un único almacén central a pie de fábrica en Karlsruhe. Los pedidos de los clientes de cualquier país europeo se transmitían a Karlsruhe cada noche, entonces la transmisión de la información se hacía mediante cintas de papel perforadas, transmitiendo los datos por teléfono y a la mañana siguiente, en el almacén central se imprimían las listas de empaquetado de piezas, que se ponían en bolsas de papel resistente, etiquetadas con la dirección de cada cliente, junto con una factura con membrete de la empresa local de Singer en el país del cliente, redactada en su idioma. Todas las bolsas de un mismo país se empaquetaban en una caja canguro, de cartón. Las cajas se enviaban por tren a cada país durante la noche y, a la mañana siguiente, un empleado de Singer las recogía en destino y, tras pasar la aduana, las llevaba a correos, desde donde eran distribuidas a cada cliente la suya. Los clientes pagaban a la empresa de su país en la moneda local y las filiales pagaban a la fábrica en marcos por el total de lo recibido cada mañana, factura que acompañaba la relación declaración de contenido de cada caja canguro y que se utilizaba para los trámites de importación en la aduana de la estación.

El sistema centralizado de coordinación europea resolvió, con grandes ahorros, un gran número de los problemas que venían padeciendo durante años las delegaciones locales trabajando aisladas y se desarrolló un nuevo sistema informático integrado moderno, común para toda Europa en beneficio de todos.

En producción, la coordinación de los planes productivos se plasmó en diferentes soluciones. Hubo empresas que distribuían el volumen de producción entre las distintas fábricas, equilibrando los volúmenes de producción con independencia de las fluctuaciones de los mercados locales. Se evitaba con ello el tener que ampliar instalaciones en un país a la par que quedaba capacidad infrautilizada en otro. Otras empresas planificaron la introducción escalonada de sus productos en los distintos mercados, de forma que, al dejar una fábrica de producir un modelo, dicho modelo comenzaba a producirse en otra fábrica que servía otro mercado menos exigente. En el caso de Singer, los nuevos modelos se fabricaban en los EE.UU. Cuando dejaban de fabricarse allí, se trasladaba el utillaje a la fábrica de Inglaterra, después a la de Alemania y, finalmente, a la fábrica de la India.

Con ello se conseguía:

- Aprovechar los utillajes y los procesos de fabricación de cada tipo de máquina más de una vez.
- Garantizar en el primer país, normalmente el país nacional de la casa matriz, un periodo más largo de servicio de mantenimiento y disponibilidad de recambios para modelos que se dejaron de fabricar localmente, pero se seguían fabricando en otros países.
- Probar el éxito de un producto en un mercado reducido antes de lanzarle al mercado mundial.

La más completa coordinación, la consiguieron las empresas con producciones complementarias. Dichas empresas fabricaban en cada país una serie de componentes que son montados en otro país. La fórmula no deja de tener ventajas:

- Al especializar cada fábrica se consiguen grandes series de lo mismo en cada país.
- En caso de nacionalización por parte de algún gobierno revolucionario, como ocurrió en Cuba, la fabricación de componentes aislados que al gobierno local no le servía de nada y era fácilmente asumida su producción por alguna otra planta al otro lado de las fronteras. Lo cual actuaba como garantía contra las tentaciones de nacionalización.
- Se compensaban los riesgos de tipo de cambio, siempre y cuando las balanzas de transferencias entre las diferentes fábricas estuviesen compensadas.

El sistema no está exento de problemas, ya que es muy vulnerable a los conflictos locales. Por ejemplo, el paro de la fábrica inglesa de Ford por la huelga del 69 supuso el paro de las fábricas belgas y alemanas de la empresa por falta de componentes.

La solución apunta hacia una fabricación segmentada con duplicidad de fuentes de componentes o una flexibilidad de fabricación que permita la redistribución del tipo de componentes fabricados en uno u otro lado. Otra alternativa es la de recurrir a proveedores externos para algunos componentes y reservarse el montaje final en varios países.

La empresa IBM delega la fabricación de algunos elementos en otros fabricantes, frecuentemente de otros países con mano de obra más barata, pero mantiene para sí tres tareas: El diseño, el montaje final y la distribución y ventas.

En finanzas. La coordinación de la financiación es la más fácil y la más antigua.

En Europa, el proceso de integración monetaria que terminó por materializarse en el euro, comenzó por ser operativo en el mercado del eurodólar.

Hasta la liberación de la movilidad de los recursos y la integración de los mercados en un mercado común, es en el terreno de las finanzas donde la pugna entre las soberanías de los estados y el ingenio de las multinacionales es permanente. Lo más sencillo es manipular los costes por transferencias de derechos de patente y servicios entre filiales. Otra práctica frecuente es pagar parte de los salarios de los altos ejecutivos en otro país. Práctica que evita el escándalo y envidia de los ejecutivos locales si conociesen las nóminas de algunos compañeros expatriados de otros países.

A las limitaciones a la repatriación de dividendos, responden las multinacionales financiándose con préstamos locales avalados por depósitos en otros países.

A las exigencias sobre cuentas de reserva o los excesivos impuestos sobre beneficios, se manipulan los precios de transferencia o se elevan los importes de los "royalties" a pagar por la filiares a la matriz y los gastos por asistencia técnica y asesoramiento.

Las empresas multinacionales tienen capacidad y recursos para planificar sus necesidades a escala mundial y recurrir a movilizar recursos en cualquier país.

En investigación. Es una de las actividades que más han tardado en salir de los reductos nacionales. Los avances científicos y tecnológicos son celosamente custodiados por las empresas y los países, pero limitar su actividad a un área es acotar sus frutos potenciales. Las empresas multinacionales han aprendido a multiplicar sus laboratorios por distintos países, intercambiando información entre ellos y coordinando sus planes de investigación, La llegada del teletrabajo ha facilitado la colaboración entre países.

Los investigadores comparten sus experiencias en congresos internacionales, muy especialmente en campos como la medicina y las Universidades.

La organización orientada al mercado adopta una organización segmentada por ámbitos de actividad. El ámbito de actividad viene definido por la intersección de productos y mercados. El resultado es la estructuración de algunas empresas por unidades de negocio.

Cada unidad de negocio, al dominar la terminología del cliente y conocer su industria, permiten acercarse a los clientes con capacidad para comprender mejor sus necesidades, pero tienen el inconveniente de aislar, dentro de unas unidades de negocio, competencias que podrían ser importantes para otras unidades de la misma empresa. Se podría llegar a dar el caso de competencias ociosas en una unidad de negocio que se necesitan en otras que incluso ignoran que esas competencias existan dentro de la empresa. No es extraño que alguien se sorprenda al descubrir que la empresa cuenta con un recurso del que nunca oyó hablar.

Como consecuencia, *Hamel* defiende la opción de una organización por competencias. Organizarse por competencias facilita su desarrollo y puesta al día, permitiendo la posibilidad de acometer proyectos nuevos con rapidez, para los que se tiene la competencia adecuada, pero que no encajan en ninguna de las unidades orgánicas.

La solución que conjuga las ventajas de las estructuras anteriores sería una *organización operativa por proyectos,* en base a una estructura promotora *por unidades de negocio*, que estuviese abierta a cubrir las lagunas del mercado que pudiesen quedar entre las diferentes unidades de negocio, y una estructura de *desarrollo por competencias.* Si, sobre todo ello, superponemos *una regionalización geográfica*, el resultado podría resultar confuso, pero, si se hace debidamente, *proporciona una gran flexibilidad* para abordar oportunidades y acometer innovaciones.

Las capacidades se transforman en competencias mediante un proceso de reflexión e innovación que las transforma diferenciándolas y adecuándolas a las tareas por desempeñar, en función de las propuestas aprobadas. **Una competencia** *es un conjunto de capacidades* que permiten producir y/o distribuir competitivamente una serie de bienes: productos, componentes o servicios.

Las estructuras matriciales habían mostrado las dificultades que surgen al tener que depender de una doble jerarquía de mando: geográfica y funcional. ¿A quién tenía que obedecer el responsable local de finanzas, al director financiero que estaba en Londres o a su Director General local que estaba en el despacho de al lado?

Las dificultades dificultaron las relaciones de autoridad y multiplicaron los enfrentamientos entre los servicios centrales y la línea ejecutiva local, pero quienes lo consiguieron, encontraron la solución deslindando la autoridad según la naturaleza de la autoridad respectiva. Los responsables funcionales decían cómo se tenían que hacer las cosas de su departamento y los responsables ejecutivos decían lo que tenía que hacer cada persona que dependía de ellos. Así, mientras que el director general local ordenaba que se gestionase una línea de crédito de tantos millones, el director financiero determinaba, desde Londres, con qué bancos se trabajaba y en qué condiciones.

El fracaso de muchas organizaciones matriciales ha radicado en que no se ha producido el necesario ajuste entre la *estructura de relaciones funcionales y la estructura jerárquica del poder.* La autoridad deriva de la responsabilidad y al alterarse ésta se modifica aquella. *El poder deriva de la responsabilidad que se asume. Puedo exigir en tanto yo tengo que rendir cuenta de los resultados* de las tareas a mí encomendadas, tanto si las realizo por mí mismo, como si las delego, por tanto, tengo que tener autoridad para delegar y para controlar y exigir.

Al considerar la **responsabilidad,** es interesante conocer que los americanos tienen dos conceptos: *"resposability" y "accountability".* La diferenciación es importante, porque mientras la "responsibility" es delegable, la "accountability" no lo es. Debiéramos introducir un nuevo vocablo en castellano: el de **respondabilidad,** tener que responder por los propios errores.

Mientras que la responsabilidad aparece de asumir el compromiso de hacer algo, la respondabilidad es la obligación de dar cuentas por la calidad y plazos de ejecución de lo realizado. Podemos delegar la ejecución, pero debemos vigilar cómo se ejecuta lo ejecutado. No es de recibo el que un superior se disculpe por los fallos de sus subordinados.

Al **pasar de relaciones arborescentes a relaciones matriciales**, no es posible mantener la rigidez jerárquica del mando. En una red, el poder se fragmenta y se distribuye, potenciándose la responsabilidad. Los responsables funcionales son cada vez más proveedores que jefes, pasando sus departamentos, de ser parte de la estructura jerárquica de la empresa, a ser servicios internos, sujetos a reclamaciones por parte de sus clientes internos.

Este cambio de actitud se ha ido generalizando, asumiéndose que el jefe está tanto para ayudar como para exigir. Con ello la autoridad no se pierde, sino que se realza en su justa medida.

La estructura por competencias. Cada competencia es una unidad encargada de localizar, reclutar formar y equipar al personal, capacitándolo para poder desempeñar alguna de las competencias que la empresa requiere. Su campo de actuación es el mercado de recursos, con énfasis en la evolución tecnológica.

Se requiere un contacto sistemático con los proveedores, las universidades, los centros de investigación. Debiendo hacer un seguimiento de las ferias de muestras y las publicaciones sobre el sector en el mundo.

La **estructura por unidades de negocio**. Cada unidad de negocio está encargada de conocer los mercados a los que atiende, entender sus problemas y comprender sus necesidades; estudiando nuevos medios y maneras con las que la empresa pudiera satisfacer esas necesidades

La unidad de negocio piensa en el negocio de sus clientes como un colaborador deseoso de ayudar a mejorar la eficiencia del mismo.

La organización por proyectos superpone varias estructuras, cada persona se ve participando en múltiples redes de relaciones, con lo que la organización se complica. La mayor complejidad exige una mejor comprensión de la estructura y una sensibilidad más delicada en el ejercicio de la autoridad, que queda sujeta a constantes procesos negociadores, tomando como base la clara formulación de intereses corporativos con prioridad sobre los particulares de cada unidad. La responsabilidad predomina sobre la autoridad. Sin esas cautelas, la organización por proyectos estaría condenada al fracaso.

La organización puede mantener ***una estructura por unidades de negocio***, con ***una dimensión geográfica***, ***otra por competencias y otra por proyectos***. Las unidades de negocio siguen de cerca al mercado y mantienen relaciones con los clientes, buscando oportunidades para servirlos. Las unidades de competencias desarrollan e incorporan nuevas tecnologías y contratan nuevos recursos potenciando sus competencias respectivas.

La estructura se organiza para ***actuar en equipos por proyectos***. Cada proyecto se organiza a instancias de una unidad de negocios, la cual solicita y contrata recursos a las unidades de competencias. Las relaciones entre las unidades de competencias y las de negocio son las de proveedor cliente.

Cada proyecto es una unidad temporal, que depende de un jefe del proyecto, a la que se van incorporando personas según se vayan necesitando sus competencias respectivas y van saliendo aquellos cuyas competencias ya no son necesarias. Es el jefe del proyecto quien decide qué tipo de competencias requiere su proyecto y cuando las necesita, entrando en un proceso de negociación con las unidades de competencias en función de las disponibilidades de éstas para atender a todos los proyectos en curso que les solicitan recursos.

Hay industrias donde la organización por proyectos es muy adecuada al tipo de servicio que prestan, como las constructoras, las ingenierías o las consultoras

La estructura reticular o multimatricial permite asumir simultáneamente una organización por competencias y por proyectos dentro de una estructura orgánica. Por ejemplo, un consultor tiene un jefe orgánico del que depende, entre otras cosas, para que le revisen el sueldo. Técnicamente está encuadrado en el sector de Banca y técnicamente especializado como informático, pero para cada trabajo es asignado a un proyecto sujeto a un contrato con el cliente y, en ese proyecto, tiene un jefe de proyecto. De manera que su jefe orgánico le supervisa, evalúa y acuerda con él las vacaciones y su carrera profesional, le asigna una mesa de trabajo y la secretaria con la que habrá de trabajar; el jefe de informática le proporciona documentación técnica y le organiza cursos de formación, aclarándole dudas técnicas que pueda tener en el trabajo, el jefe del sector bancario le proporciona clientes asignándole a proyectos y su jefe de proyecto le organiza el trabajo en equipo en el proyecto donde trabaja coyunturalmente, le dirige en el trabajo y le controla los resultados evaluando su labor al final del proyecto, pero no será, necesariamente, el mismo jefe de proyecto que tenga en el siguiente proyecto. Complicado pero muy flexible y eficaz.

Capítulo 8.
La reflexión estratégica

La brújula para la innovación

De la confrontación entre la ***posición*** y la ***misión*** deberán surgir un conjunto de objetivos y proyectos que orienten la estrategia de la empresa y van configurando la ***visión***, tales como:

- Fortalecer los Puntos Débiles
- Aprovechar los Puntos Fuertes
- Rediseñar los productos
- Introducirse en nuevos mercados
- Renovar la estructura orgánica
- Potenciar los sistemas de información
- Rejuvenecer la plantilla
- Ampliar la cuota de mercado
- Reducir los costes de transacción
- Potenciar la cadena de valor
- Automatizar
- Revisar los acuerdos con los proveedores y los grandes clientes
- Estudiar la utilización de nuevos materiales
- Simplificar los procesos

- Mejorar la capacidad directiva
- Reconsiderar la ubicación territorial
- Fortalecer las relaciones institucionales

Como consecuencia, de *los planes* surgirán nuevas ***necesidades de recursos*** que se traducirán en la conveniencia de trazar una serie de ***líneas de acción***, tales como:
- Adquirir nuevas competencias
- Incorporar nuevas tecnologías
- Realizar nuevos reclutamientos
- Trazar planes de enseñanza renovados
- Buscar nuevas adquisiciones
- Proyectar nuevas instalaciones
- Buscar nuevos proveedores
- Atraer nuevos socios
- Desprenderse de recursos ociosos no recuperables
- Colaborar en el desarrollo del fondo socio-económico regional
- Considerar alianzas con proveedores
- Considerar alianzas con competidores
- Abrir nuevos mercados

Así como la necesidad de cubrir con innovaciones las competencias que no puedan ser adquiridas fuera de la empresa, incluyendo:
- Desarrollo de nuevos productos
- Mejora de los procesos
- Innovación de los métodos de organización y gestión
- Mejorar las instalaciones

La incorporación, asimilación y operatividad de las disponibilidades requeridas configura las competencias que necesita la empresa para satisfacer sus necesidades.

La trayectoria de Singer también nos brinda lecciones valiosas sobre cómo la innovación tecnológica puede impulsar el crecimiento y la competitividad de una empresa. Desde sus inicios, Singer se destacó por su enfoque en la mejora continua de sus productos. En 1889, lanzó la primera máquina de coser eléctrica, aprovechando los avances en tecnología energética para ofrecer mayor comodidad y eficiencia a sus clientas.

En síntesis

Las capacidades se evalúan en función de la información de que se dispone sobre las necesidades y de la labor que se pretende desarrollar. La información se concreta en documentar la situación, a partir de cuyo conocimiento se centra en la determinación de la propia posición respecto al entorno, definiéndose la labor a realizar mediante *la misión* que la empresa se auto asigna, dentro del marco seleccionado como su *ámbito de actividad*.

La reflexión en que se desarrolla esa evaluación forma parte de la estrategia. En ella, como paso previo a la determinación de objetivos y proyectos, deberemos identificar las opciones que se nos ofrecen y elaborar las posibilidades que vayamos configurando y desarrollando.

Tanto los objetivos como los proyectos se han de contrastar tanto con la información sobre la realidad como con la visión proporcionada por la imaginación, obteniendo una serie de oportunidades y sugerencias que pueden dar origen a un conjunto de innovaciones. Las primeras se nos presentan y ofrecen como alternativas disponibles, al alcance de nuestra mano, las segundas como tareas por desarrollar, meras ideas que han de ser hechas realidad, arrancándolas de su inexistencia con esfuerzo y creatividad.

Los objetivos realimentan la visión, concretando la misión, y los proyectos realimentan la información, alterando la realidad sobre la que actúan al modificar tanto la posición como la situación mediante el desarrollo de nuevas capacidades.

En esquema, el proceso de reflexión estratégica en torno al desarrollo de capacidades sería el siguiente:

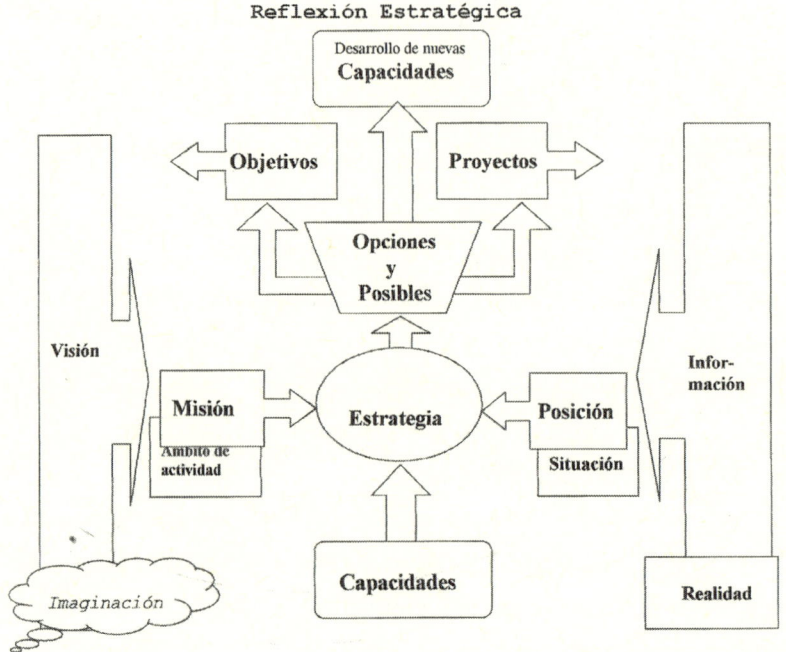

Capítulo 9.
Innovación

Pilar de la competitividad

Dado que *la tecnología utilizada* influye tanto en los costes como en la diferenciación de los productos, el nivel tecnológico constituye un factor determinante de la competitividad de la empresa. Analizar el impacto de la tecnología en la competitividad supone investigar el efecto que todo incremento de tecnología, toda innovación tecnológica, tiene sobre la competitividad de quien la incorpora, lo cual nos supone:

- Definir en qué consiste la tecnología
- Determinar cómo se producen los incrementos de tecnología.
- Analizar cómo afecta la innovación tecnología a la competitividad.

¿Qué es tecnología?

El diccionario nos habla del *"conjunto de los conocimientos propios de un oficio o arte industrial"*, así como del *"conjunto de equipos y herramientas necesarios para desarrollar determinadas actividades"*

El profesor **Patricio Morcillo** define la tecnología como *"un conjunto de conocimientos, formas, métodos, instrumentos y procedimientos que permiten combinar los diferentes recursos (tangibles e intangibles) y capacidades (saber hacer, talento, destrezas, creatividad) en los procesos productivos y organizativos para lograr que éstos sean eficientes."*

Definiremos nosotros la **tecnología** como *la integración eficaz de saber cómo se hace algo y tener con qué hacerlo.* Podemos concluir que la tecnología tiene un componente humano de conocimientos y un componente material de equipamiento. Por consiguiente, reconoceremos que las empresas disponen de una dotación técnica consistente en los conocimientos técnicos de sus recursos humanos y en la tecnología incorporada a sus recursos materiales.

Siendo la técnica la determinante de la posibilidad del qué y del cómo de la acción humana, el desarrollo tecnológico es fruto de esa misma acción como resultado de aplicar a lo que se hace *la capacidad de innovación del ser humano.*

Otra de las falacias de la economía neoclásica es la asumir que el hombre es un "horno economicus", un mero ser optante que elige entre las opciones que se le presentan como disponibles: beber vino o beber cerveza; sin considerar que el hombre, como ser creativo, siempre puede recurrir a producir sus propias creaciones: a inventar la inca cola.

¿Qué es innovación?

No te preguntes si lo que pretendes es o no es posible, pregunta cómo hacerlo posible.

Innovar es *hacer posible algo que no lo era*, por medio de potenciar la propia capacidad para cambiar la realidad mediante la mejora de nuestra tecnología. Lo cual se traduce en mejoras de las formas (la imagen de lo que se hace) o en mejoras de los modos (la imagen de cómo se hace lo que se hace), en *dotarnos de nuevos y mejores instrumentos y habilidades,* con lo cual se amplía el ámbito de lo que nos resulta posible. El efecto de la innovación se concreta en *el desarrollo de nuevas competencias.*

Tanto los objetivos como los proyectos definidos en la reflexión estratégica se han de contrastar con la información sobre la realidad y con la visión proporcionada por la imaginación, obteniendo una serie de oportunidades y sugerencias, tanto sobre necesidades del mercado como sobre las necesidades operativas de la propia empresa, que pueden dar origen a un conjunto de innovaciones en el futuro, tanto en sus productos como en sus sistemas internos.

Las innovaciones pueden plasmarse en *modificaciones de los productos, de los procesos o de los métodos* de organización y tendrán repercusiones en los sistemas

Las innovaciones eficaces proporcionarán ventajas competitivas, ya sea en los costes o en la diferenciación de los productos frente a los competidores, potenciando las competencias de la empresa o desarrollando otras nuevas, más adecuadas a los objetivos de la empresa.

Herramientas y metodologías para la innovación

La innovación no es un evento fortuito, sino un proceso sistemático que requiere de herramientas y metodologías específicas. En esta sección, exploraremos algunas de las más efectivas y utilizadas por las empresas líderes en innovación.

1. **Design Thinking** o Pensamiento de Diseño, El Design Thinking es una metodología centrada en el usuario, que busca entender profundamente sus necesidades y deseos para desarrollar soluciones innovadoras. Se compone de cinco etapas iterativas:
   a. **Empatía**: Sumergirse en el mundo del usuario para comprender sus problemas y motivaciones.
   b. **Definición**: Sintetizar los hallazgos y plantear un desafío de innovación claro y alcanzable.
   c. **Creación**: Generar una gran cantidad de ideas creativas, sin juzgarlas inicialmente.

d. **Prototipos:** Convertir las mejores ideas en prototipos tangibles, para testearlos con usuarios reales.

e. **Pruebas:** Recoger información de los resultados y analizar cómo mejorar la solución y volver a recrear.

Veamos un ejemplo práctico. ***La empresa de seguros médicos Acme utilizó Design Thinking para rediseñar su proceso de reembolso,*** que era una fuente constante de quejas de los usuarios. A través de entrevistas y observaciones, el equipo de innovación descubrió que los clientes se sentían abrumados por la complejidad de los formularios y la lentitud del proceso.

Con esta información, generaron ideas como ***una app de móvil*** para enviar anuncios con foto, ***una línea de contacto*** para resolver dudas y un sistema de reembolso exprés para importes pequeños. Se hicieron prototipos y se probaron estas soluciones con un grupo de usuarios, documentando las reacciones para mejorar el sistema. El resultado fue un proceso de reembolso mucho más ágil y satisfactorio, que redujo las quejas en un 60% y aumentó la retención de clientes.

2. **Lean Startup** La metodología Lean Startup, propuesta por ***Eric Ries,*** busca ***acortar los ciclos de desarrollo de productos innovadores y reducir el riesgo de fracaso.*** Se basa en tres principios clave:

a. ***Construir:*** *Desarrollar un Producto Mínimo Viable (MVP) que permita probar las hipótesis clave del negocio con el menor esfuerzo posible.*

b. ***Medir:*** *Recoger datos y métricas para evaluar la respuesta del mercado al MVP y apre*nder rápidamente.

c. ***Aprender***: *Utilizar los aprendizajes para pivotar o perseverar en el rumbo del producto o servicio.*

Un gran ejemplo de aplicación de Lean Startup es Dropbox. En lugar de desarrollar un producto completo, ***Drew Houston*** creó un simple video demostrando cómo funcionaría su servicio de almacenamiento en la nube. El video generó un enorme interés y validó la demanda del mercado, permitiendo a Houston recaudar fondos y construir el producto de manera interactiva y eficiente.

d. **_Herramienta_**: Proporcionar una plantilla descargable para que los lectores puedan documentar sus hipótesis, experimentos y aprendizajes al aplicar Lean Startup en sus propios proyectos de innovación.

Recuerda, **_la clave para dominar estas metodologías es la práctica_** constante. Te invito a elegir una de ellas y aplicarla en tu próximo desafío de innovación. Documenta tus aprendizajes y compártelos con tu equipo. La innovación es un músculo que se fortalece con el ejercicio deliberado y consistente.

En el próximo capítulo, exploraremos cómo crear una cultura organizacional que fomente y potencie la innovación a todo nivel. ¡Sigue leyendo para descubrir las claves!

Mi objetivo es que los lectores no solo comprendan estos enfoques a nivel conceptual, sino que se sientan motivados y equipados para aplicarlos en sus propios proyectos.

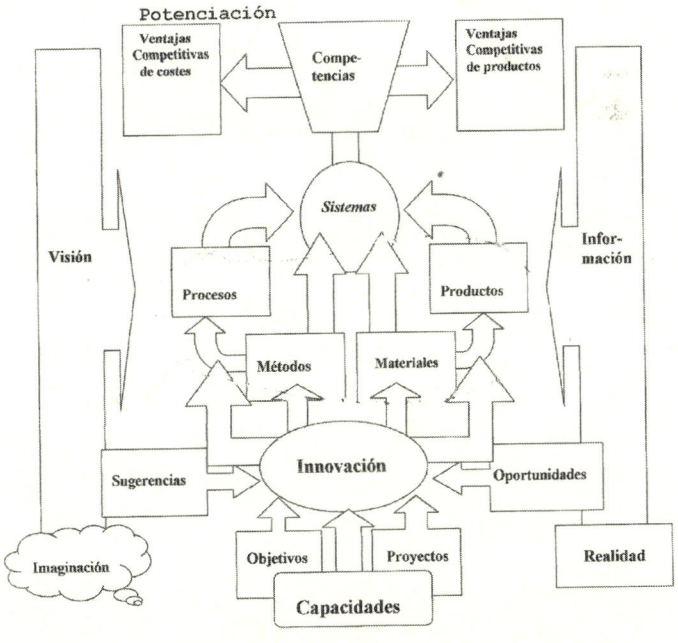

Fig. 18

Consecuencias de la innovación tecnológica

Hemos identificado que la empresa accede a la tecnología a través de dos tipos de recursos: humanos y materiales, es decir, *la tecnología la adquiere la empresa mediante su mano de obra cualificada y sus inversiones* de capital, epígrafe bajo el cual englobaremos materiales, equipamiento, energía, locales e instalaciones. Llamaremos *volumen de producción* "**Y**" al conjunto de bienes y servicios que se producen en una empresa en un año. La cuantía de "**Y**" es función de los recursos que se dediquen a la producción, *recursos* que resumiremos en dos: el *capital* **K** y la cantidad de *mano de obra* empleada **L**, lo cual, se puede expresar con una función de producción de la forma siguiente:

$$Y = f(K, L)$$

Donde:

K es el capital invertido y L es el trabajo empleado en producir Y.

El desarrollo económico busca aumentar la producción **Y**. Si expresamos *el incremento de* **Y** a partir de la expresión anterior tenemos que:

$$dY = f_K(K,L)\, dK + f_L(K,L)\, dL$$

Pero al contrastar esa expresión con la realidad encontramos que, *con frecuencia:*

$$dY > f_k(K,L)dK + f_L(K,L)dL$$

Señal de que hay otros factores involucrados en el incremento de la producción, responsables del aumento de la productividad a pesar de mantener los otros recursos constantes. La acción de este nuevo factor la podemos expresar de la forma siguiente:

$$dY = f_k(K,L)dK + f_L(K,L)dL + \tau$$

Siendo *dY* la medida de la innovación técnica. *Innovación técnica* es todo aquello que **mejora la producción o reduce los costes**, por ejemplo, utilizar materiales más económicos para una misma calidad o de mejor calidad al mismo coste, emplear otros procedimientos más eficientes, alargar la vida del producto sin incrementar los costes, una reorganización de la actividad más eficaz, etc... Se puede decir que innovación técnica es todo lo que mejore la función de producción, con independencia de la cuantía de los factores utilizados. En algunos casos, el factor de innovación *d*Y podría ser independiente de K y L pero también puede estar vinculado a una de ellas o a ambas.

Si expresamos la función de producción mediante la formulación de **Codd Douglas**, en la que, siguiendo a **Romer,** podemos **introducir la tecnología como un factor endógeno A** que se incorpora, como cualificación de la mano de obra en forma de un saber hacer acumulable, que transforma a la mano de obra en capital humano, obtenemos:

$$Y = A \, K^a \, L^{(1-a)}$$

Esta función cumple la ley de rendimientos constantes a escala. Llamando **Y** a la **producción** total, K al **capital** invertido **A, y** llamando **y** a la **productividad** o producción por unidad de mano de obra y siendo **k** la **inversión por unidad de mano de obra** o capital por operario, tenemos que, si dividimos la expresión anterior por **L**,
La productividad por empleado es:

$$y = A \, K^a \, L^{-a}$$

Tomando logaritmos y derivando, obtenemos:

$\text{Log } y = \text{Log } A + a\text{Log } K + (-a) \text{ Log } L$

$y'/y = a.K'/K + (-a) \, L'/L$

Si la relación entre el capital y el volumen de producción se mantiene constante, también será constante la relación entre el capital *per capita* y la productividad *per capita*, lo cual supone que sus incrementos relativos respectivos crecerán en esa misma proporción, de manera que si K/Y = Cte,

tendremos: k'/y ' = k/y

Es decir: *la tasa de de crecimiento de la productividad per cápita g = tasa de incremento del capital per cápita*

$$g = y'/y = k'/k$$
$$g = a.g + (1-a) A'/A \text{ de donde } (1-a).g = (1-a).A'/A$$
$$\text{Con lo que } \mathbf{A'/A = g}$$

Que es la misma tasa de crecimiento que se tiene en la mejora de la tecnología utilizada.

1ª conclusión. *El incremento de la productividad se produce por la innovación introducida como mejora de los conocimientos técnicos que tienen los recursos humanos, creciendo la tasa de productividad al ritmo en que crece la tasa de innovación. Crecimiento que va a exigir un incremento de la tasa de capital por puesto de trabajo a ese mismo ritmo g.*

Corolarios: *Sin innovación no hay aumento de productividad.*

La innovación requiere inversión en formación y en equipamiento.

El proceso de innovación

El proceso que se sigue hasta que se materializa la innovación tecnológica es el siguiente

Tener ideas ⟶ Innovación técnica ⟶ { Nuevos procedimientos,

Invención   Nuevos materiales,

                         Nuevos productos, conocimientos, etc.

Restricciones económicas

Mientras que para El nivel tecnológico Q_1 no es rentable el cambio de tecnología de T^a a Tb, para el nivel Q_2 si lo sería, ya que mientras **producir pequeñas cantidades es más caro con la nueva tecnología**, $(C_{a1}<C_{b1})$, *producir mayores volúmenes del orden de Q_2 es más económico con la nueva tecnología que con la anterior* $(C_{b2}<C_{b1})$.

2^a **conclusión.** *Para que un incremento técnico tenga un impacto positivo en la productividad deberá tener lugar en un mercado lo suficientemente amplio como para que pueda absorber el incremento de volumen necesario para aplicar la nueva tecnología.* Existen restricciones a la innovac1on. El transvase de tecnología depende de la rentabilidad de aplicar los nuevos procedimientos, la cual requiere inversión cuya eficacia es función del volumen de producción que utiliza la nueva tecnología.

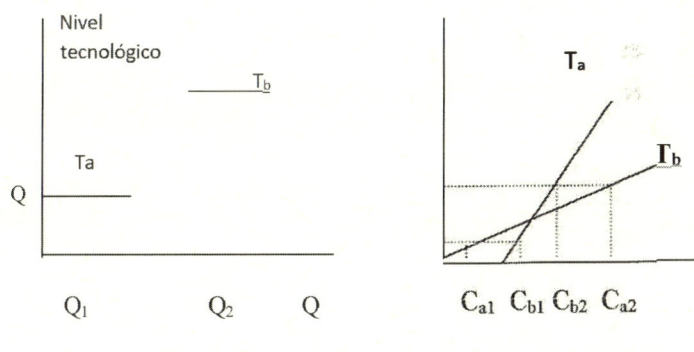

Fig. 19

En estas gráficas orientativas del comportamiento de la innovación se ve que para fomentar una revolución técnica hay que ampliar mercados, lo cual explica una de las posibles causas por las que pequeñas empresas o algunos países subdesarrollados encuentren dificultades para abandonar sus tecnologías tradicionales.

Corolario: *No interesa cambiar a una nueva tecnología si el volumen de producción no lo justifica.*

*El tamaño del mercado condiciona
la tecnología que conviene utilizar.*

Efectos inducidos

Un cambio tecnológico, una innovac1on, ayuda a toda la cadena de producción, es decir, la innovación se expande, "rebosa", beneficiando a proveedores y clientes.

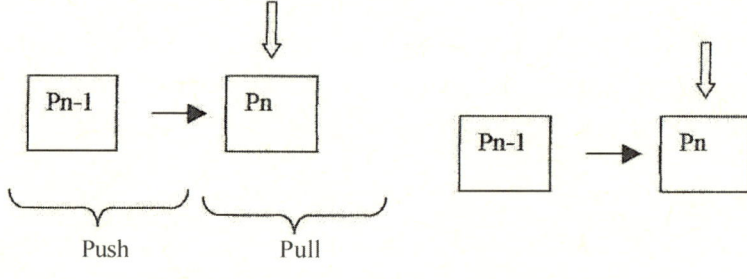

Innovación técnica

$\uparrow \Delta Q \Leftrightarrow \downarrow \Delta P$

Los proveedores verán incrementada la demanda, por lo que tenderán a incrementar los precios.

El aumento de Q reducirá los costes Pudiendo bajar los precios.

$\downarrow \Delta P \Leftrightarrow \uparrow \Delta Q$

La innovación supondrá una bajada de costes C. Permitiendo una bajada de precios P a los clientes y, por tanto, se producirá un

Aumento en las ventas Q

Fig. 20

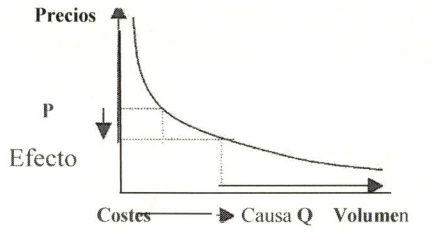

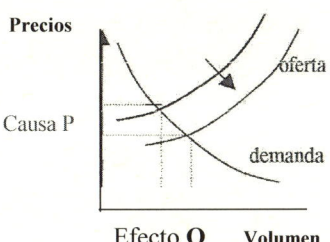

Fig. 21

3ª conclusión. *La innovación técnica favorece la competitividad de los clientes y proveedores del que innova.*

Corolario: *Es factible y rentable involucrar a proveedores y clientes importantes en nuestros procesos de innovación, dado que ambos se van a beneficiar de nuestra inversión.*

Oportunidad de la innovación

La transmisión de ideas es un proceso complicado que puede constar de varios aspectos como ingeniería de diseños, ingeniería de procesos, estudio de la producción, distribución, capital, mano de obra, marketing, etc...

El hecho de innovar también ha de tener en cuenta el momento en que se produce, es decir, hay que saber cuándo dar el "salto". Se debe considerar que **en la innovación existen unas colateralidades que son:**

a. **Complementariedad**. Con frecuencia, la situación favorece el salto tecnológico en un tiempo posterior al presente, es decir, conviene esperar a hacer la innovación

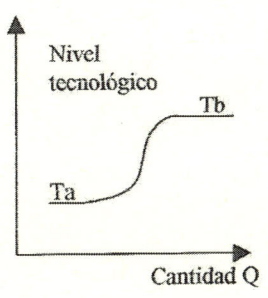

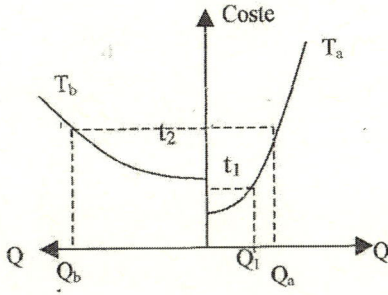

Observando ambas gráficas se ve que, en un primer momento t_1, no es "rentable" para la tecnología Tb introducirse en el mercado, porque para la demanda Q_1 el coste Ca con la tecnología antigua es menor; pero, sin embargo, posteriormente, en t_2 cuando el volumen del mercado ha crecido a Q_2, si es rentable utilizar la nueva tecnología. De esta forma Tb desplazará a la tecnología Ta, a partir del momento en el cual se reducen los costes productivos para un volumen suficientemente elevado, cuando ya se ha desarrollado el mercado y han sido formados los operarios y captados nuevos clientes, gracias a la bajada de precios tras la reducción de costes con la nueva tecnología.

b. **Por tanto.** Existen situaciones con un mercado inicial elevado donde lo mejor es entrar el primero porque si posteriormente los mercados crecen poco y están ya copados, la fracción de mercado a la que se puede acceder es tan pequeña que vuelve a no ser rentable el cambio tecnológico.

4ª Conclusión. *El impacto de la innovación técnica en la competitividad depende del momento que se elija para introducir la innovación,* en función de la congestión y la dificultad que suponga la asimilación de la nueva tecnología por el resto de la industria.

Corolario: *Hay que ser sensibles a la oportunidad de introducir una innovación para no anticiparse ni llegar demasiado tarde. La decisión depende de la relación entre el mercado inicial y el potencial de crecimiento.*

Impacto de la innovación tecnológica en la competitividad

Manejando algunas de las expresiones de la función de producción vistas anteriormente, trataremos de ver cómo influye la tecnología en la productividad según se manifieste como una mejora de la capacidad de trabajo, como saber hacer (know how) o incorporada al capital como características de nuevos instrumentos y equipamiento.

Veíamos que Codd Douglas proponía la siguiente expresión para la función de producción:

$$Y = A.K^a . L^{(1-a)}$$

Según la cual, la tecnología **A** introduce una mejora en la organización que supone una mejora tanto en la utilización del capital **K** y como en la eficacia del trabajo **L**. Douglas considera que la tecnología **A** es un recurso de la función de producción, al igual que lo son **K** y **L**, por tanto, reformula la función de producción como:

$$Y = f(K, L, A) \text{ y } dY = f_K \cdot dK + f_L \cdot dL + f_A \cdot dA$$

5ª conclusión. *Toda innovación que mejore la organización tiene una mejora en la competitividad al potenciar tanto la productividad de los equipos como la de la mano de obra.*

Corolario: *Las mejoras organizativas siempre mejoran la competitividad*

Un ejemplo de innovación con éxito

El salto tecnológico más audaz de Singer fue su incursión en la electrónica y la computación en la década de 1970. Ante el declive irreversible de las ventas de máquinas de coser domésticas, la empresa adquirió la compañía Friden, especializada en calculadoras y sistemas informáticos primitivos. Aunque la integración de Friden presentó desafíos importantes, como la reconversión fallida de su fuerza de ventas, Singer logró aprovechar las nuevas tecnologías para dar un nuevo impulso a su negocio principal. En 1978, lanzó **la primera máquina de coser controlada por computadora**, sentando las bases para una nueva generación de productos altamente automatizados y programables.

Este ejemplo nos muestra que la innovación tecnológica, si bien conlleva riesgos, puede ser un potente motor de revitalización estratégica y competitiva, siempre y cuando se gestione con visión y agilidad.

El lanzamiento exitoso de las nuevas máquinas de coser no solo revitalizó las ventas de Singer, sino que le permitió ingresar en un mercado completamente nuevo, con una propuesta de valor diferenciada y altamente competitiva. La clave estuvo en orquestar un proceso de innovación integral, desde la identificación de oportunidades hasta la comercialización efectiva, pasando por el diseño, la elaboración de un prototipo y la producción.

Este ejemplo de Singer ilustra cómo el proceso de innovación, cuando se aborda de manera sistemática y orientada al mercado, puede ser un vector de crecimiento estratégico y de reinvención continua para una empresa, incluso en contextos desafiantes.

Tecnología y conocimiento

Romer considera la tecnología como la capacitación que tiene la mano de obra para realizar determinadas tareas, lo que hace de la tecnología un recurso acumulable, como lo es el capital, y propone la siguiente expresión:

$$\mathbf{A} = \mathbf{A}_0 \cdot \mathbf{e}^{\psi u}$$

Donde $\mathbf{A}_0$ es el nivel inicial de conocimientos al comienzo de la formación, ψ representa la *calidad de la formación* y $\mathbf{u}$ el *tiempo dedicado a dicha formación.*

Utilizando esta expresión, si tomamos logaritmos y derivamos, se obtiene:

$$\mathbf{A'/A} = \mathbf{d}(\psi\mathbf{u}) = \psi \cdot \mathbf{d}\,\mathbf{u}$$

Donde vemos que *el incremento porcentual de la tecnología o tasa de incremento tecnológico es proporcional al incremento del tiempo dedicado a formar a la mano de obra y a la calidad de la formación dada.*

Generalicemos la función de producción, **considerando ahora que Y es el Producto Interior Bruto de un país** entero en lugar de tratarse de la producción de una empresa.

Según esto, *la formación de la mano de obra es fundamental para el crecimiento del PIB* y, por tanto, para el desarrollo económico de un país.

Llamemos **H=AL**, siendo **H la mano de obra cualificada** y **L la no cualificada**, tendremos que tanto H como A, la capacitación, son acumulables y, por consiguiente, capitalizables, mientras que L no lo es. Por lo que siendo L mano de obra, H resulta ser capital humano.

La relación (5.1) puede expresarse también en términos de capital humano, de manera que para una cantidad dada de mano de obra L, tendríamos que:

$$A'/A = H'/H \text{ y } H'/H = \psi du$$

6ª conclusión. *La mejora en la cualificación acumulada de la mano de obra o capital humano depende del incremento del tiempo invertido en su formación técnica y de la calidad de esa formación.*

Corolario: *Al buscar formación hay que elegir, calidad y adecuación a la competencia que se desea desarrollar, debiéndose dedicar a esa formación el tiempo necesario.*

Tecnología y Equipamiento

Veamos ahora qué sucede cuando la tecnología está incorporada al capital. Esto es, cuando, según la formulación de *Codd Douglas*, tomamos a la tecnología como un coeficiente del capital tenemos:

$$Y = (A \bullet K)^a L^{(1-a)}$$

Donde el exponente **a** determina la importancia relativa del capital sobre la mano de obra en cada caso. En este caso, es posible comprar tecnología mediante la adquisición de equipos y maquinaria que lleven esa tecnología incorporada y el tiempo necesario para asumir la nueva tecnología no representa ningún problema si se cuenta con el capital humano capaz de utilizar los nuevos equipos. El problema se plantea cuando no existe mano de obra cualificada capaz de aprovechar la mejora tecnológica incorporada a los nuevos equipos. Esto es, como señala Romer, es la falta de formación y no de capital la causa de la dificultad que padecen algunas sociedades (tanto empresas como países) para acceder a nuevas tecnologías, lo que justifica algunas de las diferencias de riqueza y nivel de desarrollo entre unos países y otros, y explica por qué algunos países siguen sumidos en la pobreza a pesar de haber realizado fuertes inversiones en tecnología mediante la adquisición de equipos tecnológicamente avanzados, al carecer de mano de obra que sepa utilizar debidamente los nuevos equipos.

Tenemos por ejemplo los casos de Alemania y Libia. Alemania quedó arruinada tras la 2ª Guerra Mundial, pero gracias a la ayuda de EEUU se ha convertido en un país próspero y tecnológicamente avanzado. Libia, en cambio, a pesar de haber hecho fuertes inversiones en equipos tecnológicamente avanzados, no ha prosperado al nivel que la tecnología adquirida con cuantiosos petrodólares hacía suponer. La distinta evolución.

Según esto, la formación de la mano de obra es fundamental para el crecimiento del PIB y, por tanto, para el desarrollo económico de un país.

Llamemos H=A•L, siendo H la mano de obra cualificada y L la no cualificada, tendremos que tanto H como A, la capacitación, son acumulables y, por consiguiente, capitalizables, mientras que L no lo es. Por lo que siendo L mano de obra, H resulta ser capital humano.

La relación (5.1) puede expresarse también en términos de capital humano, de manera que para una cantidad dada de mano de obra L, tendríamos que:

$$A'/A = H'/H \quad y \quad H'/H = \psi \cdot du$$

6ª conclusión. *La, mejora en la cualificación acumulada de la mano de obra o capital humano depende del incremento del tiempo invertido en su formación técnica y de la calidad de ésta.*

Corolario: *Al buscar formación hay que elegir, calidad y adecuar el tiempo de formación a la competencia que se desea desarrollar.*

Veamos ahora qué sucede cuando la tecnología está incorporada al capital. Esto es, cuando, según la formulación de **Codd Douglas**, tomamos a la tecnología como un coeficiente **A** del capital tenemos

$$Y = A.K^a.L^{(1-a)}$$

En este caso, es posible comprar tecnología mediante la adquisición de equipos y maquinaria que lleven esa tecnología incorporada y el tiempo necesario para asumir la nueva tecnología no representa ningún problema si se cuenta con el capital humano capaz de utilizar los nuevos equipos. *El problema se plantea cuando no existe mano de obra cualificada capaz de aprovechar la mejora tecnológica incorporada a los nuevos equipos.* Esto es, como señala **Romer**, *es la falta de formación y no de capital la causa de la dificultad* que padecen algunas sociedades (tanto empresas como países) para acceder a nuevas tecnologías, lo que justifica algunas de las diferencias de riqueza y nivel de desarrollo entre unos países y otros, y explica por qué algunos países siguen sumidos en la pobreza a pesar de haber realizado fuertes inversiones en tecnología mediante la adquisición de equipos tecnológicamente avanzados.

Tenemos por ejemplo los casos de Alemania y Libia. Alemania quedó arruinada tras la 2ª Guerra Mundial, pero gracias a la ayuda de EEUU se ha convertido en un país próspero y tecnológicamente avanzado. Libia, en cambio, a pesar de haber hecho fuertes inversiones en equipos tecnológicamente avanzados, no ha prosperado al nivel que la tecnología adquirida con cuantiosos petrodólares hacía suponer. La distinta evolución de estos dos países ante la misma situación se explica por las diferencias en la capacitación de sus habitantes, *sus diferencias en capital humano.*

7ª Conclusión *Si la mejora en tecnología que se incorpora en equipamiento no va acompañada de un aumento en los conocimientos de los usuarios de ese equipo, la nueva 'tecnología es inútil e incluso contraproducente.*

Corolario: Hay que dar prioridad a la formación del personal sobre el equipamiento.

Investigación y competitividad

Trataremos de analizar ahora la influencia del trabajo de investigación sobre la función de producción y en definitiva, sobre la mejora que pueda suponer para la competitividad.

Tomando de nuevo la formulación de Codd Douglas en la que la tecnología se manifiesta en forma de mejora del trabajo, y teniendo en cuenta el porcentaje de la población dedicada a la investigación sea "**b**", dado que **b** no participa de las labores productivas, se obtiene:

$$Y = K^{\alpha} \cdot [A \cdot (1-b) \cdot L]^{1-\alpha}$$

Si bien los recursos humanos dedicados a la investigación suponen un recorte de la capacidad de producción de un país, la labor de investigación debe considerarse como una inversión que va a resultar rentable transcurrido cierto tiempo, ya que es fuente de innovaciones.

Si llamamos **Lb** al número de trabajadores dedicados a innovar y δ * al ritmo con el que cada innovador genera innovaciones, tendremos que:

$$A_t = \delta^* \cdot t \cdot L_b$$

Donde A_t representa el nivel tecnológico en el momento **t**, y L_b=**bL** sería el n.º de investigadores innovadores

Es de suponer que el ritmo de generación de nuevas ideas crecerá con la base de conocimientos disponibles **A**, por lo que podemos asumir que:

$$\delta^* = \delta \cdot A$$

La mejora debida a la investigación es entonces:

$$A' = \delta \cdot A \cdot L_b$$

Romer plantea las siguientes restricciones a esta expresión:
- Nadie puede acceder plenamente al nivel tecnológico del momento
- Siempre existen redundancias en la investigación, i.e. gente que se dedica a investigar sobre el mismo tema

Por ello, se propone la siguiente modificación de la expresión anterior:

$$A' = \delta \cdot A^{\dot\varphi} L^{\lambda} \text{ con } \dot\varphi < 1 \text{ y } \lambda < 1$$

Donde $\dot\varphi$ mide las deficiencias en la información manejada respecto a la información disponible y λ la duplicidad de esfuerzos sobre un mismo problema por parte de investigadores diferentes.

Dividiendo por A, podemos obtener de la anterior expresión:

$$A'/A = \delta \cdot A^{\phi-1} \cdot L_b^{\lambda} = \delta \cdot L_b^{\lambda}/A^{1-\phi}$$

Tomando logaritmos:

$$L_n(A'/A) = \delta L_n + \lambda L_n L - (1 - \dot\varphi) L_n A$$

Si A'/ A=cte, y $\dot{\varphi}$ fuese constante, el desarrollo tecnológico habría entrado en régimen estacionario, dado que al derivar

$$0 = \lambda \cdot (L_b{}'/L_b) - (1-\phi) \, A'/A$$

La expresión anterior obtendremos:

$$\lambda(L_b{}'/L_b) = (1-\dot{\varphi}) \, A'/A$$
$$(A'/A) = \lambda \, (L_b{}'/L_b) / (1-\dot{\varphi})$$

Llamando **n** a la tasa de crecimiento de la población $(L_b{}'/L_b)$, si la proporción de investigadores sobre la población laboral se mantiene constante:

Se obtiene:

$$A'/ A = \lambda n / (1-\phi)$$

De acuerdo con la expresión obtenida, la tasa de la innovación tecnológica es independiente de la inversión financiera dedicada a tecnología (I+D), lo cual resulta chocante. Esto se debe a que el análisis de Romer es cuantitativo, no cualitativo. El capital dedicado a investigación y desarrollo determina el tipo de investigación que se puede hacer, pero **la tasa de innovación depende de la calidad y número del factor humano dedicado a la investigación.**

Si **b** no permanece constante en $\mathbf{L_b = b. L}$ Tendremos que: $\mathbf{L_b{}' = b'.L + b.L'}$

Por lo que la tasa de crecimiento de la población investigadora resultaría:

$$n_b = L_b{}'/L_b = (b.L' + b'.L)/b.L$$
$$n_b = n + b'/b$$

Con lo cual: *Si la tasa de crecimiento de la población se reduce o incluso se anulase, el crecimiento del desarrollo tecnológico, con los consiguientes efectos en la competitividad, no se anularía si la proporción de la población investigadora sobre el total de la población activa creciese. El crecimiento tecnológico seria:*

$$n = A'/A = \lambda \, (n_b)(1-\varphi)$$

8ª conclusión.

Corolario: *Si no se desarrollan investigadores propios hay que contratarlos de fuera.*

Lo que sí resulta fundamental para el desarrollo tecnológico de un país es la inversión en educación tecnológica. El desarrollo experimentado por países como Taiwán y Corea del Sur y antes Japón, desde la revolución Meiji, son prueba de ello.

Innovación, inversión, población y producción

El diagrama que se muestra a continuación muestra la relación entre innovación, producción, inversión y población:

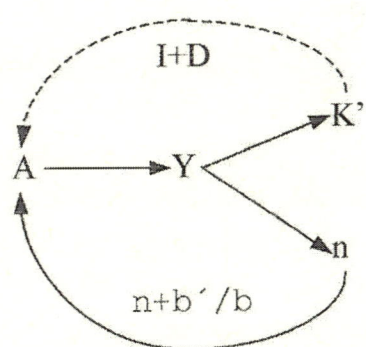

El circuito superior determina el tipo y calidad de la investigación y el inferior el volumen de innovación.

Si ***Edison*** no hubiese realizado más de 1.200 pruebas con diferentes filamentos, no tendríamos bombilla.

Como hemos visto antes, las innovaciones producen un crecimiento de la producción, lo que a su vez, requiere de un incremento del capital a través de la inversión, y posibilita el crecimiento de la población gracias al mayor consumo disponible. El capital invertido en desarrollar tecnología, esto es, en I+D, es cierto que no garantiza el número de innovaciones, pero sí marca la calidad de los resultados. La inversión en formación tecnológica de la población es el auténtico primer motor de la innovación y es en lo que deben centrar sus esfuerzos los países que desean prosperar pero también afecta la tasa de crecimiento de la proporción de población científica sobre el total de población.

Por supuesto, una vez formados, los científicos habrá que retenerlos, lo que nos lleva a considerar otra alternativa: captar investigadores del extranjero y recuperar a los emigrados.

9ª conclusión. *De poco vale la inversión en personal investigador si no se es capaz de retenerlo.*

Corolario: *Quien tenga un buen investigador, que lo cuide, que lo cuide.*

¿Tiene el desarrollo un límite?

Según los países prosperan, disminuye el ansia de la población por tener más de lo mismo y los mercados se saturan. Con muchos productos ha sucedido que los fabricantes a falta de nuevas ideas (es lo que se conoce como **obsolescencia tecnológica** a un producto que queda eliminado por la aparición de otro que incorpora alguna innovación), han introducido una innovación negativa consistente en q**ue los productos tengan una vida cada vez más corta**, se pasen de moda o se deterioren, lo que se conoce como **obsolescencia programada.** De esta forma, los consumidores están obligados a renovar cada cierto tiempo productos que ya tienen, por averías irreparables o pasar de moda. Esto sucede por ejemplo con los coches, los electrodomésticos, la ropa. La explicación a este problema puede estar en que seguimos utilizando modelos económicos que quizá ya no sean plenamente válidos.

Las teorías económicas clásicas en sus diferentes versiones (neo-clásica, keynesiana) e incluso la austríaca, parten del **postulado de la escasez** para el estudio de la economía, cuando, en realidad, para niveles de presupuestos altos, se producen mercados en los que *se dan situaciones propias de la opulencia.*

El modelo neoclásico, por ejemplo, define un espacio de opciones a disposición del consumidor, sobre el que deberá optimizar su función de utilidad dentro de su presupuesto Esa tesis nos lleva, entre otras, a *la absurda conclusión de que la demanda se haría infinita cuando los precios se hiciesen cero,* lo que *haria inviable la existencia de barras libres.*

Hoy en día todavía siguen vigentes las ideas de **Adam Smith**[32], según las cuales, la clave del desarrollo está en la especialización.

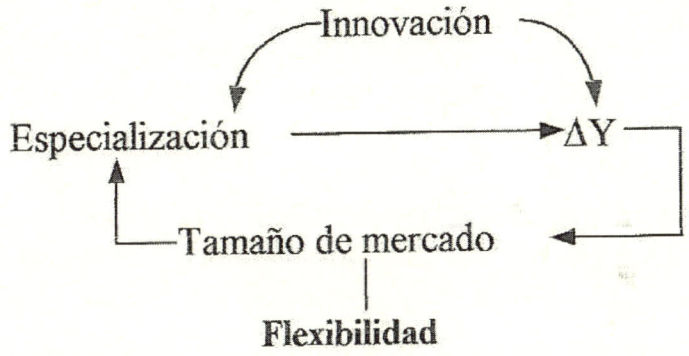

Fig. 23

Siguiendo el diagrama, *la especialización facilita la innovación* lo cual repercute en el desarrollo, pero no es posible la especialización sin un tamaño de mercado que la permita y mejorará con el crecimiento del mercado.

---

[32] Adam Smith. La riqueza de las naciones. El inicio de la revolución industrial abrió una época de esperanza. Smith consideraba que la riqueza de la nación provenía del trabajo y no de la acumulación.

Es fundamental que el mercado sea flexible, que esté estanda-
rizado y existan estándares como las normas DIN[33], de manera
que a cada tuerca le correspondan más de un tornillo y que se
puedan ensamblar unos elementos sobre otros.

10ª Conclusión *Cuanto mayor sea el mercado* y más integrado
esté, *mayor será la especialización* y más difícil será alcanzar la saturación. La mayor especialización estimulará más innovación y el retraso
de la saturación aplazará la aparición de esa restricción al crecimiento.

Corolario: *El tamaño del mercado propicia la segmentación*
y con ella la especialización y la innovación.

La saturación del mercado

Nuestra satisfacción de beber vino o comer pasteles aumenta con la
cantidad consumida en los primeros tragos o bocados, hasta un punto
en que decae hasta la saturación. Aumentar el número de televisores
por encima del número de habitaciones no parece que incremente la
satisfacción salvo para el coleccionista.

Cuando el presupuesto disponible permite aumentar el consumo
de algunos productos a **niveles de opulencia** (por encima de lo es-
trictamente necesario), nos encontramos con que **las curvas de indi-**
ferencia de la utilidad son cerradas, con una parte cóncava y otra
convexa, que encierran en su interior puntos de máxima satisfacción,
lo que provoca situaciones de saturación del mercado.

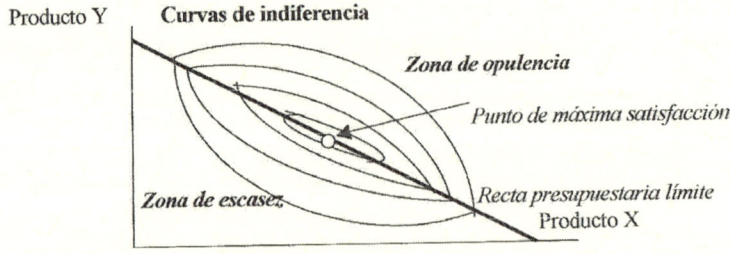

---

[33] **Normas DIN**, *Deutshes Institut für Normung*, Recopilan los estándares técnicos
      de los productos industriales y científicos en Alemania

Como consecuencia, *a partir de la saturación, la demanda no aumenta con las bajadas de precios.*

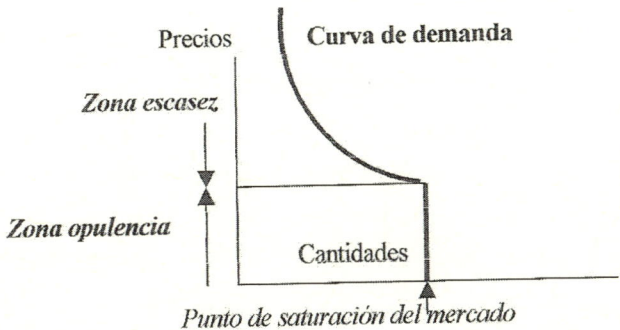

11ª conclusión. *Cuando el presupuesto disponible aumenta por encima del nivel de opulencia, se dan situaciones de saturación de los mercados.*

Corolario: *Cuanto mayores sean las rentas, más importante es la innovación para evitar la saturación. Las sociedades opulentas exigen variedad de productos y novedades.*

Innovación y Desarrollo, un proceso cuántico

Al igual que veíamos que sucedía con los costes al pasar de una tecnología baja a otra alta, en el proceso de crecimiento también existe un salto al pasar a una tecnología superior. Este *salto en la cualificación tecnológica del crecimiento producido por una mejora del nivel técnico es lo que se conoce como* desarrollo.

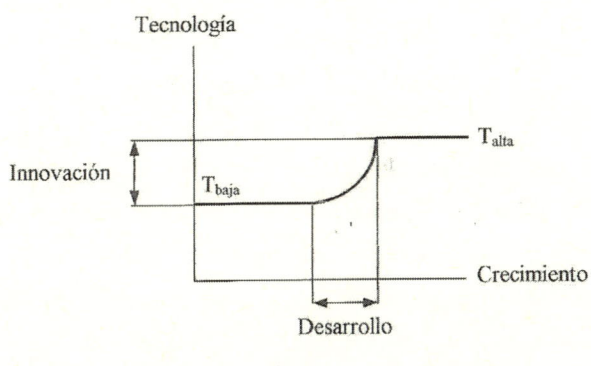

Fig.24

El desarrollo económico no es un proceso continuo sino discreto. ***Las innovaciones técnicas, motor del desarrollo*** mediante la potenciación de la competencia empresarial, se producen a saltos, siendo algunos de esos saltos más notables que otros, lo cual hace que el desarrollo no sólo sea cuántico, sino que se produzca por fases que, en: parte, se suceden y, en parte, se solapan.

El paso de una fase a otra supone un notable esfuerzo, pues requiere un salto de nivel tecnológico que, para lograrlo, se necesita el desarrollo o adquisición de nuevos equipos y la adopción de nuevos procedimientos que, a su vez, requieren nuevos conocimientos.

El salto de un nivel tecnológico dado y familiar a otro desconocido exige, junto a un notable esfuerzo inversor en equipamiento y formación, el correspondiente ahorro y dedicación al aprendizaje de la nueva tecnología.

Dentro de **cada nivel tecnológico** se producen innovaciones menores que también provocan saltos, dentro de una misma tecnología, entre lo que llamaremos **plataformas tecnológicas**. Por ejemplo, el paso del IBM 1401 al IBM 360 supuso un *cambio de plataforma* dentro de la tecnología informática, pero el paso de la caldera de vapor al motor de combustión interna supuso un salto de nivel tecnológico.

Por otro lado, los diferentes niveles científicos sobre los que se fundamentan las tecnologías se agrupan dentro de ***paradigmas científicos*** en el sentido de ***Kuhn***[34]

El problema que plantean las discontinuidades que se producen entre los diferentes niveles es un problema intensivo y extensivo, de manera que los saltos no se producen en tanto no se disponga de conocimientos que permitan dar dicho salto, ni sin que esos conocimientos se encuentren lo suficientemente difundidos.

Dentro de cada nivel, el desarrollo tecnológico es gradual, forma parte de lo que llamaremos un progreso normal, la sociedad está preparada, por el lado del consumo, para pasar de una plataforma a otra sin grandes traumas, la inversión necesaria para renovar el

---

[34] **Kuhn**. Las revoluciones científicas

modelo de coche, el incorporar al televisor un vídeo, incorporar un nuevo programa al ordenador personal existente, sustituir el teléfono fijo por otro móvil; son todos ellos cambios que podemos calificar de ordinarios, para los que se precisa de una inversión de capital y de un tiempo de formación para adaptarse al nuevo equipo que el usuario puede asumir como una evolución normal. Lo mismo ocurre, por el lado -de la producción, cuando una empresa cambia un torno manual en el taller por otro de control numérico, renueva el programa de nómina, modifica el sistema de montaje o lanza un nuevo modelo de un producto existente para el que hay un mercado previo.

Todos esos cambios son puntuales, **la decisión** de acometerlos **es individual o reducida a pequeños grupos** y la tecnología necesaria es conocida y está vigente.

Pero, ***cuando se produce un salto de nivel tecnológico, la de-*** **cisión es social,** la inversión en capital y el esfuerzo de formación son importantes, la innovación es notable y las repercusiones profundas. Todo nuevo nivel tecnológico abre un ámbito de nuevas posibilidades inexistentes fuera de ese nivel, que sólo pueden realizarse si el cambio incluye todo un conjunto de innovaciones complementarias, ***se re-*** ***quiere una masa crítica de innovaciones para configurar de*** ***forma viable un nuevo nivel tecnológico.***

La introducción del ferrocarril, de la aviación, de la industria del automóvil, del telégrafo, la electrificación; todas las grandes innovaciones supusieron un extenso cambio de mentalidad, usos y costumbres; requirieron nuevas instalaciones, nuevas infraestructuras, nuevas instituciones, nuevas industrias básicas y otras auxiliares, nuevos servicios de mantenimiento; fueron precisos nuevos centros de formación, con nuevas titulaciones, nuevas leyes y reglamentaciones; lo que supuso un gran esfuerzo de financiación colectiva: tender líneas de telégrafo y teléfono, construir una red de vías para el ferrocarril, construir una red de carreteras. Toda la sociedad se ve afectada por el cambio y cada individuo se encuentra ante el dilema de incorporarse a disponer de las nuevas posibilidades que la innovación reporta, asumiendo el coste y capacitación que ello requiere, o mantenerse al margen, entre, por ejemplo, comprarse un automóvil o seguir utilizando tracción animal y transportes públicos.

En esencia, bajo cada nueva tecnología, subyace un cambio de mentalidad, una nueva forma de ver las cosas y se crean nuevos hábitos sociales. Con los nuevos modos de hacer subviene una revisión del paradigma vigente, aunque la revisión requerida no llegue a revolución.

La potencia técnica de una sociedad no reside tanto en su dominio del nivel tecnológico vigente, cuanto en su capacidad para incorporarse a los nuevos niveles emergentes.

El cambio de paradigma científico se produce en la vanguardia del conocimiento teórico, en el seno de los reducidos límites de la sociedad científica. El desarrollo de un nuevo nivel tecnológico supone un esfuerzo creador de nuevas posibilidades previamente inexistentes, llevarlo a la práctica requiere apoyarse en la tecnología existente para elaborar los componentes correspondientes de la nueva. Los primeros ordenadores utilizaban válvulas eléctricas, los procesadores electrónicos surgieron para potenciar y optimizar los procesos lógicos que ya habían resuelto con las válvulas. Sin la existencia de un nivel' tecnológico previo adecuado, la innovación no resultaría posible. En tiempos de Julio Verne, el viaje a la luna no era viable, para poder realizarlo era necesario dominar la propulsión por cohetes con comburente incorporado y toda una industria aeroespacial y telecomunicaciones inalámbricas. La propulsión mediante un cañonazo, como propone Verme, habría sacado a la tierra de órbita. Pero la existencia de cañones le permitió a Verme concebir el viaje.

Creada la posibilidad de la innovación, su desarrollo requiere de un tamaño de mercado mínimo que lo justifique y de un esfuerzo financiero que lo materialice, en paralelo con una labor de formación y difusión de conocimientos que permitan la instalación de las industrias auxiliares y de actividades necesarias para instaurar el nuevo nivel tecnológico, incluida la información y formación de los posibles usuarios de los nuevos productos y servicios.

Si los primeros pasos para el establecimiento de un nuevo nivel tecnológico son difíciles, una vez que el nuevo nivel se afianza, su desarrollo es acelerado. Pensemos hoy en el desarrollo y utilización de la Inteligencia Artificial. Hacen falta una formación para incorporarse al desarrollo y otra para utilizarla. .

El desarrollo tecnológico se ha venido produciendo a lo largo de las diferentes dimensiones que determinan las necesidades humanas, constituyendo las líneas troncales del desarrollo las necesidades básicas siguientes:

Alimentación, energía, transporte, información y materiales.

En la historia de la alimentación encontramos los siguientes niveles tecnológicos:

Producción	Tratamiento
Recolección	Cocinado
Caza y pesca	Secado, salazón y ahumado
Agricultura de secano y ganadería	Envasado y conservado
Regadío	Refrigeración
Abonos químicos	Congelado
Genética	Transgenizado

En la historia de la energía encontramos:

Fuentes de energía	Transmisión de energía
Tracción animal	Tracción
Fuego	Radiación
Hidráulica	Rotación
Eólica	Velas
Vapor	Biela/manivela
Combustión interna	Diferencial
Electricidad	Red Eléctrica
Fisión nuclear	Intercambiador de calor
Fusión nuclear	Superconductividad

En la historia del transporte hemos de destacar:

	Tracción
Animales de carga	
Rueda	
Vela	
Locomotora a vapor	
Barco a vapor	
Motor de explosión	
Barco a motor	
Aviación a hélice	
Aviación a reacción	
Naves espaciales	
Coches eléctricos	

En la transmisión de información nos encontramos:

Medios de registro o transmisión de ideas
Lenguaje
Escritura
Imprenta
Telégrafo-Teléfono
Radio-Televisión
Gramófono
Cintas y Discos magnéticos
Internet

En el desarrollo de materiales tenemos:

Piedra, madera y hueso
Cerámica y vidrio
Hierro
Cobre, bronce
Acero
Hormigón

| Plásticos |
| Micro cerámica |
| Fibra de carbono |
| Grafeno |
| Kevlar |

Cada nivel tecnológico requiere un determinado capital medio por operario k, una cualificación, media por operario h, como parte de los conocimientos técnicos imperantes, desarrollándose una productividad media por operario y.

Asumiendo, una vez más, la formulación de Codd Douglas de la función de producción, con la revisión de Romer para considerar al capital humano, tendríamos que, siendo **Y** la producción total, **K** el capital invertido total, **h** los conocimientos necesarios para realizar el trabajo *(know how)* valorados al coste de la formación recibida por empleado y **L** la población activa:

$$Y = K^{\underline{a}} (hL)^{(1-a)}$$

Dividiendo ambos términos por la población laboral **L**, tendremos:

$$y = h^{(1-a)} (K/L)^a = h^{(1-a)} k^a$$

Hemos de pensar que a cada nivel tecnológico **h$_i$** le corresponde un equipamiento específico, que requerirá una determinada inversión por operario **k$_i$**,

Por tanto, tenemos que admitir que existe una relación lineal entre tecnología adoptada y la inversión requerida. Si asumimos que esa relación es lineal, de manera que a superior tecnología corresponde mayor inversión.

Tendremos que $h_i = a\, k_i$

$$y_i = (a.k_i)^{(1-a)} k_i^{\,a}$$

Quedando:

$$y_i = a^{(1-a)} . k_i$$

De manera que la *productividad por operario* y_i *será proporcional a la inversión por operario* k_i.

Consideremos ahora que la tecnología A proporciona una productividad conjunta al capital y al trabajo, de manera que:

$$Y = A K^a . L^{(1-a)}$$

Dividiendo por la población activa L, encontramos una producción por operario

$$Y = A k^a \ (1)$$

Lo cual supone que ***los rendimientos marginales del capital invertido por operario son decrecientes,***
dado que a < 1

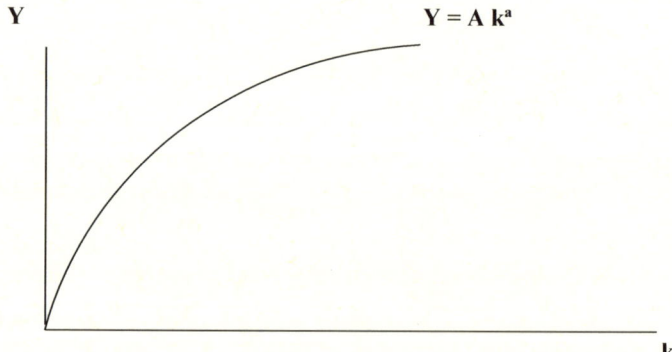

Pero, la tecnología **A** es cuántica, no es que **A** crezca proporcional a la inversión **k,** sino que a cada nivel tecnológico **Ai** corresponde, como hemos visto, un volumen de inversión *per capita kj*, y si asumimos que la relación entre cada nivel tecnológico A_i y la inversión correspondiente k_i es proporcional, de manera que

$$A_i = a_i k_i$$

Sustituyendo en **(1)**, tendremos que, para cada nivel tecnológico **i**

$$y_i = a_i k_i k_i^a$$

Luego

$$y_i = a_i k_i^{(a+1)}$$

Tendríamos un crecimiento ilimitado, debido a que, como dijo el Club de Roma, la capacidad de innovación del ser humano es ilimitada, a pesar de los rendimientos decrecientes de los factores, dado que a+ 1 > 1, siempre y cuando la sociedad vaya siendo capaz de asumir los nuevos niveles tecnológicos que se le vayan presentando.

Si colocamos una doble escala en el eje vertical, midiendo en una de ellas la productividad **y.** y en la otra el nivel tecnológico **A**, tendremos:

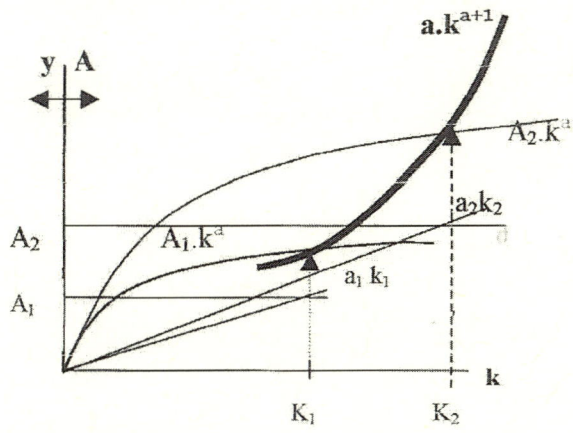

El valor de la innovación

Considerando como innovación *todo cambio que produce un incremento en la cantidad o la calidad* de la producción *no atribuible a un incremento de los factores*, podemos expresar la innovación matemáticamente, como diferencia entre el incremento de producción y el incremento atribuido a los factores de producción, de manera que si la función de producción es

$$Y = F(K, L, A)$$

Donde **K** es el capital, **L** el trabajo y **A** la tecnología la innovación seria:

$$F_A \, dA = dY - F_K \, dK - F_L \, dL$$

Siendo: $dY = F_K \, dK + F_L \, dL + F_A \, dA$

Si evaluamos monetariamente *la función de producción*, **aplicándole el operador P de los precios**, tendríamos que el valor monetario de la producción sería: $P.\,Y = P.\,F(K, L, A)$

Asumiendo los precios constantes y derivando

Dado que **P. FK** es el coste del capital. Medido por el tipo de interés, y **P. Fr,** es el coste de la mano de obra **w P dY = i. dK + w. dL + P. FA dA**

Como **P. dY - i dK - w dL** es el incremento del beneficio **dB.** Tendremos que, a precios constantes,

$$dB = P.\,F_A \, dA$$

Es decir, *el beneficio adicional por la innovación es igual al valor de la función de producción* **F** *por la inversión en innovación* **A.dA.**

Como corolarios de lo anterior tenemos que:

1. *Frente a la opinión marxista de que todo beneficio es ilícito, el beneficio quedaría justificado como retribución de la innovación.*
2. *No se producirá ninguna innovación. que no pueda reportar beneficios, por interesante que sea la idea innovadora*
3. *Las innovaciones que supongan acceder a un nuevo nivel tecnológico deberán proporcionar mayores beneficios que las que se produzcan dentro de un mismo nivel, dado que el incremento innovador es muy superior.*
4. *La valoración de la innovación mide el mérito del innovador, pero no se corresponde necesariamente con el esfuerzo realizado. Tanto el azar como el riesgo son integrantes del éxito de todo acto innovador.*
5. *Los beneficios debidos a innovaciones sólo pueden proceder de alteraciones en los precios de compra o de venta.*

El incremento de beneficios que debe producir un salto de nivel tecnológico permite aumentar el capital, promoviendo la inversión y creando efectos multiplicadores que propician un rápido desarrollo del nuevo nivel.

11ª conclusión. *Mantener un mismo nivel tecnológico durante mucho tiempo irá reduciendo las oportunidades de innovación, al tiempo que se merman los beneficios marginales por motivo de los rendimientos decrecientes, aparte de la posible obsolescencia técnica y los efectos de saturación del mercado que se puedan producir, por lo que una sociedad que no saltara de nivel tecnológico terminaría por estancarse en su desarrollo con el consiguiente deterioro de su posición competitiva.*

Corolario: *Sin innovación no hay progreso. El futuro de una empresa depende de su capacidad innovadora.*

Capitulo 10.
Competencias

Los cimientos de la victoria

Las competencias por sí mismas no son efectivas, deben ser empleadas. De la correcta utilización de las competencias en la ejecución obtendremos la eficiencia de la empresa que se reflejará en su productividad y en la calidad de los productos (bienes y servicios) que ofrezca a sus clientes.

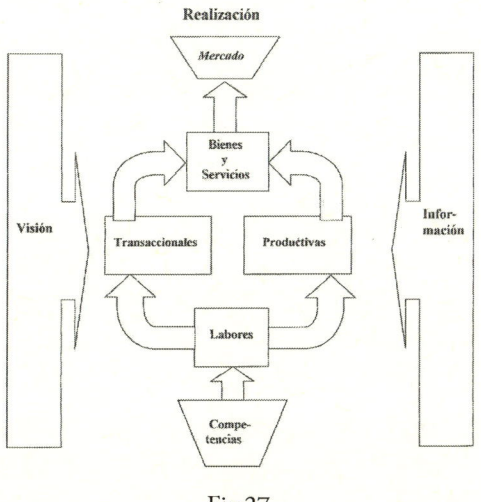

Fig.27

La eficacia es función de las competencias de la empresa, la eficiencia se genera en la producción y de la eficiencia en las gestiones de transacción, entre las que destacarán por su mucha importancia las gestiones comerciales de compra y venta, pero que no son las únicas, dado que también habrá gestiones ante las autoridades, los proveedores y los competidores.

La eficacia lograda en una eficiente ejecución empieza en la definición y el diseño del producto. El diseño tiene que satisfacer la necesidad para la que se va a producir el bien o el servicio, para lo cual, es necesario contar con una buena y completa definición de los requisitos. Uno de los fallos más frecuentes en los diseños es motivado por poner todo el esfuerzo en la funcionalidad del producto, marginando las consideraciones constructivas. Ingenieros y arquitectos capaces de concebir aparatos y edificios espléndidos, al no haber tenido en cuenta los procesos de fabricación y montaje o construcción, obligan a que se tengan que introducir modificaciones de emergencia durante la elaboración, con el consiguiente coste y el riesgo de hacer modificaciones puntuales para solventar un problema constructivo que luego alteran las condiciones operativas del producto, al hacerse sin tener en cuenta las razones por las que se decidió a hacer las cosas como inicialmente estaban diseñadas, se obliga a los materiales a trabajar bajo condiciones no previstas.

Pongamos algún ejemplo. Se ha diseñado una gran viga de hormigón pretensado que deberá trabajar apoyada en sus extremos sobre un par de pilares. Al descargarla del transporte, una grúa la eleva sosteniéndola por el centro, haciéndola trabajar al revés de cómo debiera hacerlo, con lo que la viga se agrieta.

Los problemas de introducir cambios en el diseño durante la ejecución pueden ser graves. A la hora de planificar Mercamadrid, el mercado central madrileño, se hizo un estudio geotécnico que mostraba una zona de terreno firme rodeada de unos blandones de terreno echadizo de muy baja resistencia. En la zona estaba proyectada la construcción de una autovía (la M-40), por lo que el nuevo mercado de abastecimiento a la ciudad se diseñó con la planta situada sobre la zona de terreno firme y la fachada alineada con la carretera en proyecto. Por razones que no vienen a cuento, el proyecto se fue posponiendo y, por otro lado, se alteró el trazado de la M-40.

Pasado el tiempo, llegó la hora de realizar la construcción del nuevo mercado central, teniéndose en cuenta el nuevo trazado de los accesos, alterándose la ubicación de la planta para realinearla con la nueva orientación del eje de la carretera que, para entonces, ya se estaba construyendo, sin tener en cuenta las razones que habían aconsejado ubicar la planta donde había sido diseñada y con la orientación con que se había hecho. Como consecuencia del cambio de orientación, medio Mercamadrid se alzó sobre el blandón del terreno, produciéndose toda una serie de hundimientos y grietas, antes de que el edificio pudiese inaugurarse. Me tocó hacer una auditoría técnica, descubriendo la razón del problema en no haber tenido en cuenta el cambio del diseño de la M-40.

Hay que esforzarse en los diseños y dejarlos bien documentados, pues el diseñador puede haber dejado la empresa para cuando el proyecto se realice y haberse olvidado las razones por las que decidió hacer lo que hizo, razones que pueden haber cambiado. Los cambios de diseño durante la fase de construcción deben de contrastarse con las razones que motivaron hacer el diseño como inicialmente se hizo.

El diseño es el momento de considerar la oportunidad de incorporar innovaciones, tanto de producto como de proceso, y el de detectar la conveniencia de desarrollar nuevas innovaciones como modelos alternativos. Los diseños tienen que hacerse pensando tanto en la funcionalidad del producto como en su construcción y mantenimiento, por lo que producto, su proceso constructivo y el futuro mantenimiento forman una unidad de requisitos para el diseño.

Es el momento de coordinar capacidades internas y externas, consultando a proveedores y clientes, fabricantes y montadores, laboratorios y talleres, servicios de compras y de ventas, verificando habilidades y competencias. Hasta las partituras para violín se escriben pensando en un intérprete.

Y concluido el diseño, *al final hay que hacerlo y tiene que funcionar.*

La posibilidad como génesis

Si, como defiende *Bergson*[35], **lo real no es fruto de lo posible, sino que** *lo posible es producto de una realización,* la cuestión que se nos plantea, de cara a nuestra comprensión de la acción humana, es determinar la génesis de la posibilidad. Desde este punto de vista, el agente de toda acción se nos muestra capaz de su realización y, como tal, generador de la posibilidad de la realidad fruto de esa realización. Para *Wittgenstein*[36], *Si algo es pensable es también posible.* Para hacer posible una idea, antes tenemos que haberla pensado.

La posibilidad se genera en el proceso de la acción. Cada posible descripción de ese proceso, tomada como pauta para posteriores acciones, constituye una metodología posibilista que permitirla orientar la actuación de un agente capacitado para hacer posible lo que no lo es. Como ejemplo de metodología para la génesis de la posibilidad de un proyecto veamos la siguiente:

- Intuición de la posibilidad como visión
- Formulación de la posibilidad como juicio problemático
- Estimación de su viabilidad
- Determinación de la voluntad del agente
- Recogida de la información pertinente
- Formulación como esfuerzos/compensaciones
- Inventario de recursos necesarios
- Inventario de obstáculos
- Evaluación preliminar
- Negociaciones preliminares

---

[35] Bergson. La evolución creadora. Hay una realidad exterior cuyo carácter dinámico imposibilita que el espíritu capte su esencia.

[36] *Wittgenstein*. Tractatus S3.02

- Toma de información complementaria
- Reformulación de la posibilidad como proyecto
- Elaboración del proyecto
- Evaluación económica cuantitativa (objetivos/medios)
- Evaluación financiera (costes/beneficios)
- Negociaciones definitivas, licencias y patentes
- Plan de ejecución como misión

Dependiendo del tipo de posibilidad que se esté desarrollando, cada paso de la metodología tendrá un contenido diferente, pero pasemos a precisar algo más cada etapa:

La intuición de la posibilidad consiste en vislumbrar una posibilidad de la que no éramos conscientes antes de intuirla. La nueva intuición puede surgir:

- De la contemplación de recursos ociosos (concepción de los posibles como medios disponibles)
- De la observación de una necesidad insatisfecha (concepción de lo posible como lograble)
- De la evaluación de una diferencia (concepción de lo posible como potencial)
- De la apreciación de una complementariedad (concepción de lo posible como recombinable)
- De la superación de un obstáculo reconocido (concepción de lo posible como no-imposible)

Al analizar los posibles de un recurso ocioso, indagamos las potencialidades de ese recurso por sí mismo o en combinación con otros recursos. Es decir, recurrimos a considerar las posibilidades que el recurso nos ofrece por sus atributos.

Por ejemplo, si disponemos de un terreno, la intuición consistirá en visualizar qué podemos hacer sobre ese terreno y si disponemos de un bosque de pinos pensaremos en qué se puede hacer con las coníferas. Numerosas posibilidades surgen como consecuencia de que alguien se encuentra dotado de determinada habilidad o domina determinada técnica, la capacidad humana constituye la principal reserva de posibilidades latentes. En una empresa, las posibilidades están determinadas por las competencias disponibles.

Las escorias producidas en los altos hornos, no solo se tiraban, sino que había que pagar por que las recogiesen, hasta que se descubrió que eran una materia prima excelente como agregado al asfalto antideslizante de pavimentos y como relleno fluido en materiales de construcción

Otro ejemplo, a la vista del enorme paro en los EE.UU., en plena gran recesión, *Rockefeller* consideró que podría aprovecharse esa mano de obra disponible en la construcción de grandes edificios y construyó el Rockefeller Center. *La observación de una necesidad insatisfecha nos ofrece una oportunidad de ofrecer un producto* o servicio capaz de satisfacer esa necesidad. Contemplar la posibilidad de hacerlo constituye la intuición germinal, necesaria para poder hacerlo. La necesidad puede ser nuestra o de otros, y generalizable a otros muchos que pudieran también tenerla. *Descubrir un material de desecho nos invita a buscar cómo podría ser útil.*

Por ejemplo, cuando *Gillette* bajó del coche cama y observó a los otros viajeros tan magullados por la navaja de afeitar como él mismo lo estaba, concibió la posibilidad de un utensilio que permitiese afeitarse sin cortarse, incluso en el interior de un tren en movimiento.

La evaluación de una deficiencia permite intuir la posibilidad de compensar esa diferencia. Lo mismo ocurre con una diferencia.

Por ejemplo, *toda diferencia de precios entre dos mercados permitirla hacer arbitraje entre ambos,* comprando en el más barato y vendiendo en el más caro. Cuando *Don Gerardo López Quesada*[37] llegó de Cuba a España, vio la posibilidad de arbitrar entre las bolsas de Madrid y Barcelona.

---

[37] **D, Genaro López Quesada.** Fundador de la Banca López Quesada

Detectar una complementariedad es concebir la posibilidad de aunar recursos de manera que se genere algún tipo de sinergia.

Cuando se vio que manteniendo el perfil del avión dentro del cono de la onda sonora de choque, se evitaban los esfuerzos y las fatigas que se producían en los materiales que se veían sometidos a las diferencias de presión fuera y dentro de dicho cono, surgieron un número de posibilidades como solución a la aviación supersónica: alas delta, aguijones de proa, alerones de popa, alas retráctiles, alas recortadas. Por ejemplo, cuando *Sloan*[41] concibió la idea de fusionar diferentes fabricantes de piezas de automóviles para que integrasen una empresa con capacidad para fabricar sus propios vehículos, en vez de vender esos productos a otros fabricantes de coches.

Resolver una dificultad técnica, de la naturaleza que sea: mecánica, eléctrica, electrónica, bioquímica, quirúrgica, jurídica... Supone abrir todo un cúmulo de posibilidades nuevas.

Poder controlar tos rechazos de tejidos ajenos abrió la posibilidad de los trasplantes de órganos.

- *La formulación del juicio problemático* es consecuencia directa de la intuición de la posibilidad y consiste en explicitar la intuición mediante un enunciado que describa la posibilidad intuida, objetivándola. Así, el juicio de *Gillette* fue: *"Debe ser posible un instrumento que sustituya a la navaja y permita afeitarse en un tren en marcha sin cortarse".* El de Rokefeller: "Sería posible aprovechar la abundante mano de obra disponible, para construir un gran rascacielos en el centro de Manhattan". El de **López Quesada** fue: "A un agente de bolsa le sería posible aprovechar las diferencias de cotización entre las bolsas de Madrid y Barcelona, si se estableciese una comunicación directa entre ambos parqués que permitiese conocer las cotizaciones en cada instante". Y el del señor *Sloan*[38]: "Sería posible fabricar vehícu-

---

[38] **Alfred Prirchard Sloan.** Creó la General Motors, agrupando una seria de empresas fabricantes de componentes de automóviles

los a motor si los diferentes fabricantes de repuestos se integrasen en una General Motors". ***Transformar la intuición en un enunciado la hace comunicable.***

- ***La evaluación de la viabilidad*** es previa al compromiso de recursos en el desarrollo de una posibilidad teórica que podría mostrarse imposible en la práctica. El primer requisito a cumplir es asegurar la posibilidad lógica, la ausencia de contradicciones. A continuación, ha de evaluarse la posibilidad ontológica, la coherencia práctica de la posibilidad en consideración. Conviene considerar, seguidamente, los principales obstáculos, estimando si son insuperables o no. Así, para el señor Rokefeller el principal obstáculo a su proyecto de levantar el Centro Rokefeller era lograr la titularidad de la totalidad de las múltiples parcelas que configuraban el solar, de hecho, no consiguió hacerse con todas, y aun hoy se puede ver una esquina de la manzana con un pequeño edificio que no forma parte del rascacielos. Para Gillette, el reto era lograr un utensilio de corte que no pudiese penetrar en la carne al desplazarse sobre la piel. Para López Quesada, el problema principal fue lograr permiso para tener agentes en los dos mercados de valores conectados por equipos de radio.

- ***La elaboración del proyecto técnico.*** El proyecto técnico debe de resolver, sobre el papel, todas las dificultades técnicas y ultimar el diseño con el mayor detalle posible. En el caso de Rokefeller, el proyecto consistió en la elaboración de los planos del edificio del Centro Rokefeller de Nueva York y un plan de compra de las parcelas y edificios afectados por el proyecto. Para Gillette se trató de diseñar la primera maquinilla de afeitar de seguridad. Para Sloan, se trataba de diseñar la asignación de participaciones en G.M. a cada empresa participante, junto con el diseño del primer automóvil a producir conjuntamente. Para López Quesada, se trataba de determinar las frecuencias de transmisión y la potencia del emisor, que permitiesen la selección de los equipos de radio adecuados para sus objetivos, sin que fuesen escuchados por otros.

- *La evaluación económica* cuantitativa determinará los recursos necesarios con relación a cada objetivo previsto. La tarea económica consiste precisamente en asignar medios escasos a fines alternativos. La valoración deberá hacerse en unidades físicas. Aquí Rokefeller consideraría superficie construida, número de plantas del edificio, toneladas de hierro, número de peonadas, etc.; estableciendo una lista de propietarios y proveedores a contactar y convencer.

- *La evaluación financiera* consiste en valorar en términos monetarios el presupuesto económico, multiplicando las unidades físicas por sus respectivos precios, cuantificando el proyecto en conceptos de costes y beneficios. El presupuesto se deberá complementar con un plan de financiación que detalle los importes y los plazos previstos para la disposición y reposición de fondos.

- *Las negociaciones definitivas*, dependiendo del tipo de proyecto, pueden incluir la solicitud, de ofertas a diferentes proveedores, la elaboración de contratos, incluyendo la posible constitución de un ente jurídico encargado de la ejecución del proyecto, y la solicitud de licencias. *López-Quesada* se hizo agente de cambio y bolsa y en 1918 fundó la Banca López Quesada, *Sloan* fundó la General Motors y *Gillette*, tras obtener la patente de su invento, fundó la empresa Gillette.

- *El plan de ejecución* debe planificar la realización de lo proyectado, descomponiendo la labor a desarrollar en tareas que se secuencializan a lo largo del tiempo, asignando prioridades a unas sobre otras y definiendo restricciones de interdependencia entre ellas. Existen diversas técnicas de organización que facilitan la planificación de los proyectos y agilizan su seguimiento y control posteriores (Gantt, PERT, CPM, MT). Como en casi todas las etapas precedentes, hoy la informática constituye un excelente auxiliar.

El combustible de la acción humana.

Si la intuición de una posibilidad está al origen de toda acción, un medio eficaz para multiplicar la génesis de acciones emprendedoras consiste en ampliar lo posible, estimulando la proliferación de intuiciones de nuevas posibilidades. Tras **disponer de la intuición o visión de una posibilidad**, se requiere el acceso a **los medios que permitan su realización.** La disponibilidad de recursos delimita en la práctica el ámbito de lo posible.

Lo que impulsa el inicio de toda acción humana es un incremento del ámbito de lo posible. De la aparición de nuevas intuiciones con renovadas posibilidades y de la disposición de más y mejores recursos, surgirá la motivación para acometer nuevas acciones creadoras.

El profesor **Kirzner**[39], en su libro sobre *"Cómo funcionan los mercados",* expone la tesis de que el empresario actúa para aprovechar las oportunidades de beneficio que descubre en el mercado.

La percepción de una posibilidad de benefició no es sino un caso particular de intuición, por lo que el empresario, entendido como persona que busca oportunidades de benéfico, no sería más que un tipo especial de emprendedor o persona que busca hacer realidad sus intuiciones de posibilidad. Si disponen de un terreno, el especulador pensará en especular, el emprendedor en construir.

El beneficio es la recompensa por la acción posibilitante, que si bien es algo buscado por el empresario, es algo que le viene sobreañadido, como gratificación adicional, a las compensaciones del emprendedor, quien lo que busca y le motiva es la labor creativa: **generar posibles y realizarlos.** Como muestra de ello, tenemos los estereotipos clásicos sobre los artistas bohemios, los poetas, los científicos[40],

---

[39]   **Israel M. Kiuner**, How Markets work, Toe Institute of Economic Affairs, Londres, 1997

[40]   **Viktor Frank**, en "La razón de vivir", nos ilustra sobre la importancia del quehacer como motivación vital, la esperanza en alcanzar objetivos y, muy especialmente, la obra creativa como razón de ser.

los filántropos y los filósofos[41]. La originalidad de la intuición proporciona un valor adicional. Toda nueva oportunidad es consecuencia de una posibilidad no contemplada anteriormente, siendo la intuición de tal posibilidad una oportunidad de beneficio capaz de activar una acción empresarial.

Los recursos se muestran como tales recursos en tanto se intuye una posibilidad potencial en ellos, las cosas no son recursos en sí mismos, sino recursos para alguien y para, algo; pudiendo unos mismos objetos ser recursos diferentes para personas con diferentes intuiciones respecto a cada uno de ellos y no ser ningún tipo de recurso para quien no intuye en ellos ninguna posibilidad. Un mismo árbol será combustible para el leñador, fuente de sombra para el caminante y materia prima del ebanista.

La optimización de los recursos sólo tiene sentido desde los fines que se persigan, es decir, desde las posibilidades de realización que se puedan definir como proyectos.

---

[41] **Tales de Mileto** se enriqueció especulando con aceite, tras hacerse con el monopolio de los molinos, para demostrar que un filósofo podría enriquecerse si se lo proponía.

Capítulo 10.
Ejecución

Donde la estrategia cobra vida

Al reformularse la intuición de lo posible en un proyecto, se articulan intencionalmente dos conjuntos concomitantes de posibles: uno de previsiones y otro de expectativas.

La acción humana se ve motivada por las expectativas, pero como toda expectativa es una posibilidad anticipada, las expectativas no siempre se cumplen como tampoco las previsiones lo hacen; de manera que los efectos de la acción desbordan las intenciones, ocurriendo lo imprevisible, consiguiéndose logros superiores a los imaginados y fracasos contrarios a los objetivos perseguidos. Tanto Colón fracasó en su pretensión de alcanzar Catay como Napoleón en su intención de conquistar Rusia. El primero logró de su viaje unos resonantes frutos imposibles de imaginar previamente, mientras el segundo cosechaba una derrota contraria a sus bien calculadas expectativas.

Todo emprendedor vislumbra cada una de las posibilidades por él intuidas como algo no imposible, pero al asumir el compromiso de la decisión se desconocen los obstáculos prácticos que se van a ir presentando a lo largo de un camino por hacer, por lo que toda decisión de realizar una posibilidad es una apuesta y *supone un riesgo:* el de no poder llevar la posibilidad a buen fin y perder los recursos comprometidos en el proyecto. ***Pero también puede haber un premio oculto.***

Los resultados no intencionados pueden llegar a superar los que se obtendrían de la más optimista de las previsiones. Los grandes logros imprevisibles hacen del procedimiento intuición-realización, un potente mecanismo innovador y generador de progreso y beneficios. Los frutos de la realización excederán los límites de nuestra capacidad de anticipación, salvo para acciones reiterativas, muy limitadas y experimentadas.

Toda acción humana se basa en conjeturas y, dada la incertidumbre implícita en cada conjetura, los efectos de la acción trascienden a toda posible previsión. El desarrollo científico y la creación artística son variantes del método intuiciónrealización. Como ya señalara ***Popper***, ***es la conjetura la base del desarrollo científico*** porque el pensamiento científico es un modo de acción humana y, como tal, está basada en posibilidades e intuiciones. El método científico no es sino una variante del método estimativo, en el que la formulación del juicio problemático constituye la hipótesis científica y la formulación de relaciones lógicas entre esfuerzos y compensaciones pasa a ser un proceso teórico deductivo, cuyas conclusiones se verifican empíricamente en la ejecución o en la experimentación.

Tanto las expectativas, como la incertidumbre y el riesgo, son componentes de la motivación para actuar, si conociésemos con certidumbre los efectos de nuestras acciones, nos conformaríamos en muchas ocasiones con imaginar las posibilidades sin necesidad de actuar. En otros casos, la búsqueda de resultados gratificantes mediante pautas de acción que han demostrado empíricamente su eficacia, desarrollarán hábitos de comportamiento sistemático.

La incertidumbre propia de la posibilidad sobre la que se desarrolla la acción siempre queda abierta a la probable interferencia de factores imprevistos que modifiquen accidentalmente los resultados de acciones habituales, pero será la competencia la que estimule el deseo de mejorar resultados, buscando nuevos modos de hacer mediante la experimentación innovadora.

Una forma de reducir la incertidumbre de los resultados de la acción es aumentar el control de los factores mediante la acumulación de experiencias y la especialización del agente. Junto con la incertidumbre que acompaña a toda realización y la ventaja que suponen las posibilidades de innovación que de esa incertidumbre se derivan, hemos de **resaltar la limitación que impone la escasez de los recursos disponibles a la hora de desarrollar un proyecto.**

De la limitación de los propios recursos se derivan dos comportamientos económicos: la asociación con otros actores y el intercambio de recursos.

Al carecer el promotor de algunos de los recursos necesarios, la asociación con otros agentes es un modo de resolver el problema. La asociación puede adoptar varias formas de cesión de recursos por parte de terceros a quienes se propone participar en el proyecto de diversas maneras. La asociación supone una involucración externa en el buen fin del proyecto. Las principales formas de cesión de recursos son: aportación, donación, alquiler y préstamo en busca de **sinergias**. El intercambio puede ser por trueque o compra-venta en busca de un **lucro** inmediato.

Mientras que en el intercambio se produce un canje de medios con independencia de los fines perseguidos por cada parte, en la asociación se establece un consenso en los fines, al contribuir con diferentes recursos a un mismo proyecto, acordándose el empleo a dar a cada recurso aportado.

En la práctica, los fines propios se encuentran presentes subjetivamente en cada agente que participa en un intercambio y se hacen objetivos en el precio que estaría dispuesto a pagar, lo cual hace que todo intercambio sea asimétrico, dado que cada parte valorará los recursos intercambiados con relación a sus propios fines, sin tener en cuenta los de la otra parte, que se ignoran. Por ello, cada parte valorará siempre más lo que recibe que lo que cede, razón por la que el intercambio se produce.

La asimetría de valoración que origina cada intercambio hace que en la realización de todo intercambio se produzca un incremento de valor, ya que, como consecuencia del intercambio, recursos ociosos o poco rentables en unas manos pasarán a otras manos que, al incorporarlos a proyectos en los que desarrollen posibilidades más interesantes, se verán revaluados.

Ello hace que *la economía de mercado genere valor añadido por sí misma,* al facilitar el intercambio y propiciar que los recursos disponibles pasen a potenciarse en proyectos en los que se revaloricen.

Llamamos **crédito** a *la capacidad de movilizar recursos ajenos*. El crédito se cultiva mediante un historial de cumplimiento de los compromisos adquiridos, con la fidelidad a la palabra dada. Cuanta mayor sea la amplitud del crédito disponible, más ambiciosos podrán ser los proyectos posibles. En otras palabras: cumplir la ética del mercado potencia el desarrollo personal.

Sistema integrado de la acción empresarial

Si ensamblamos los diferentes esquemas que hemos ido constru-yendo a lo largo de los capítulos anteriores, obtenemos el siguiente sistema integrado del proceso de la acción empresarial:

Estrategia: Diseño de la estrategia

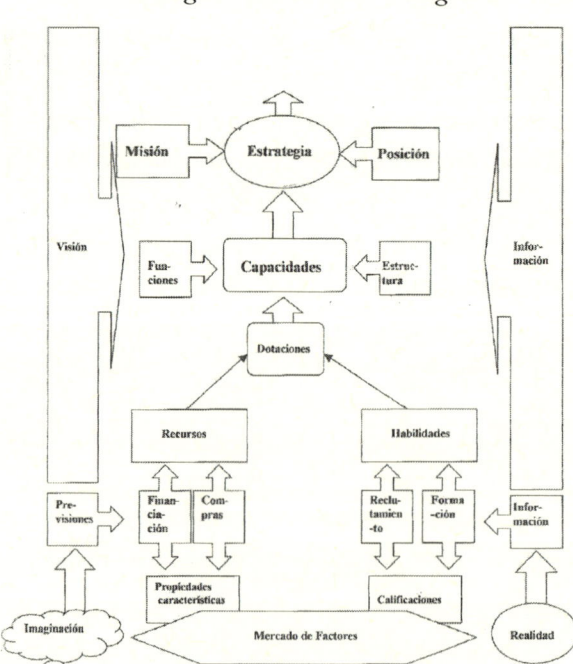

Fig. 28

Táctica: Desarrollo de la estrategia

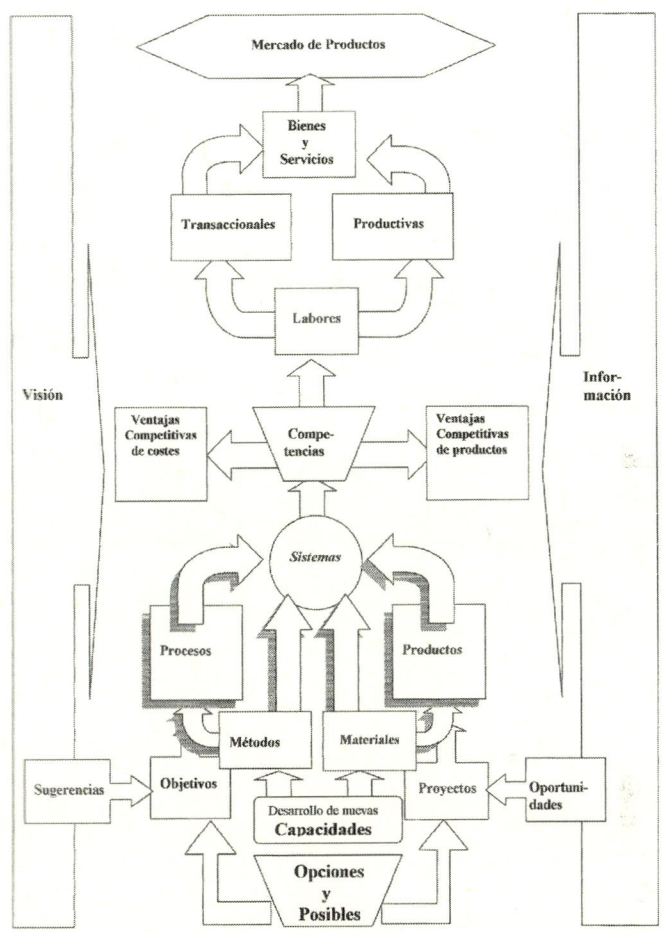

Anexos

Expandiendo las fronteras de lo posible

Planteamiento: Entendemos por competitividad nuestra capacidad de competir con otros, es decir: el nivel de nuestra propia competencia respecto a la competencia de nuestros competidores La competitividad depende, por tanto, de nuestra competencia, pero siendo nuestra competencia nuestra capacitad para conseguir alcanzar resúltalos satisfactorios, nuestra competitividad es .función de nuestra capacidad y, muy especialmente, de nuestra capacidad tecnológica, definida por la adecuación al .fin de los medíos a nuestro alcance y de la calidad de nuestra habilidad para manejar esos medios para el fin propuesto.

Como consecuencia: Toda mejora tecnológica genera una mejora en la competitividad Toda innovación positiva supone un incremento tecnológico, dado que nos capacita para realizar lo que no éramos capaces de hacer cuando carecíamos de los nuevos recursos que hemos adquirido, cuando ignorábamos los métodos para hacerlo o, incluso, no teníamos ni idea de la posibilidad de hacerlo.

La innovación puede ser del producto, los modos de trabajar, los equipos o los materiales utilizados. Innovamos en *el qué hacer, el cómo hacerlo y el con qué hacerlo.*

El problema de base se nos plantea en cómo innovar y en la cuestión más radical de cómo concebir una innovación. La cuestión es *¿cómo tener ideas originales e innovadoras?*

Proceso de creación de ideas.

Pasemos a estudiar el proceso de pensar "invenciones" que tengan una aplicación práctica (que permitan una innovación) y buscar criterios para seleccionarlas.

Kant estableció que los enunciados que pretenden manifestar una verdad *(asertivos)* pueden ser de dos tipos:

- **Analíticos**, los cuales suelen ser enunciados *"a priori"*. Son aseveraciones veraces que se pueden formular antes de cualquier comprobación o experimento o alcanzar mediante un razonamiento, como ocurre al demostrar un teorema. No añaden nada a la información contenida en el concepto del sujeto sobre el que se realiza la aseveración, el predicado se limita a analizar la información contenida en los conceptos manejados por sujeto al pensar. Al ser *"a priori"* no hace falta recurrir a la experimentación para comprobar su verdad. Así, decir que *"el triángulo tiene tres ángulos"* no nos aporta nada nuevo que no sepamos de todo triángulo por su definición.
- **Sintéticos,** normalmente se enuncian *"a posteriori"*. Son afirmaciones que se dan después de una experiencia, el predicado añade información sobre el sujeto, enriqueciendo la información contenida en el concepto que tiene el sujeto. Por ejemplo: decir que "la forma triangular del ala delta de un avión a reacción permite soportar el choque sónico, al pasar la barrera del sonido" es un juicio sintético.

Lo que se persigue al buscar innovar es **hacer afirmaciones sintéticas "a priori",** de manera que los juicios planteen ideas creativa eficaces, que sean verdaderas, que se puedan emitir antes de recurrir a la experiencia y permitan afirmar algo que añada información sobre el objeto y que sea de utilidad. Se necesita definir algo como una posibilidad trascendente, se tienen que tener ideas que sean verdaderas, que puedan trascender al pensamiento, que tengan un referente real factible, que se puedan realizar y permitan innovar.

Por ejemplo, la proposición: *Un ala delta no es afectada por el choque sónico*. Es una afirmación a priori en tanto no lo hayamos experimentado, es sintética porque añade información sobre las cualidades implícitas en toda ala delta y que no está implícita en el concepto "ala delta", es trascendente porque hace referencia a algo real y se puede plasmar en un tipo de vehículo volador sobre el cual se pueda verificar el enunciado, es realizable, garantizando a priori la seguridad del piloto de pruebas.

La pregunta que surge es la que ya planteó **Kant** [42] en su día: ¿Cómo se pueden elaborar este tipo de ideas? ¿Cómo podemos formular juicios sintéticos a priori que sean verdad? El desarrollo tecnológico depende de ello. Para lograrlo, tenemos que recurrir al pensamiento científico y al desarrollo de teorías científicas.

Por ejemplo: Volviendo al ala delta: Un ala delta no es afectada por el choque sónico. Es una afirmación sintética "a priori", trascendente y verdadera en el marco de la teoría aeronáutica. Los enunciados sintéticos a priori son enunciados deducidos de hipótesis previamente corroboradas por una teoría aceptada y contrastada.

Por tanto, la forma de tener buenas ideas válidas para realizar innovaciones eficaces es disponer de buenas teorías, debidamente contrastadas con la realidad, de las que podamos deducir proposiciones sintéticas a priori sobre el ámbito de conocimiento que nos interesa. Nuestro campo de innovación se dará dentro de las teorías que manejemos. El inicio de la innovación es la innovación que aporte una nueva teoría. Para producir nuevas teorías hay que elaborar nuevas hipótesis que nos amplíen el ámbito de lo posible.

---

[42] **Kant** escribió su crítica a la razón práctica tras leer la Física de Newton

¿Qué es lo posible?

Lo posible encierra una amplia gama de contenidos que van desde lo concebible hasta lo realizado. Las dos primeras acepciones del término "posible" que presenta el diccionario de la Real Academia son: 1. Que pueda ser o suceder. 2. Que se pueda ejecutar. La idea que se tenga de lo posible determina los planes de acción de los individuos, constituyendo su condición de posibilidad, y la dinámica del ámbito de lo que se considera posible constituye la energía innovadora de toda acción creativa.

Toda acción se encuentra restringida al marco de lo posible, o mejor dicho, queda excluida del ámbito de lo imposible; pero los planes de acción no se ven constreñidos a lo realmente posible, sino a lo que el individuo considera que es posible, por eso no todos los planes son factibles ni todo lo que alguien considera imposible lo es.

Como suele producirse una discrepancia entre las creencias y la realidad, el agente de la acción puede concebir planes que imagina realizables cuando no lo son; así como puede no prestar atención a opciones viables por considerar que no serían factibles.

Hemos de considerar **tres tipos de imposibilidad fáctica:**
* *La imposibilidad lógica*
* *La imposibilidad física*
* *La imposibilidad coyuntural*

Dentro de esta última debemos distinguir entre *la imposibilidad tecnológica,* que se da cuando desconocemos los procesos por los que se lograrían los fines deseados, y *la imposibilidad por indisponibilidad de los medios,* cuando, sabiendo lo que habría de hacerse, se carece de los medios necesarios para hacerlo.

La imposibilidad tecnológica es una forma de **imposibilidad noseológica,** un no saber cómo hacer algo, La carencia de medios supone una **imposibilidad logística,** un no tener con qué hacer lo que queremos hacer.

Tanto la imposibilidad logística como la nosológica constituyen clases de la imposibilidad coyuntural y son superables con el debido tiempo y dedicación o estudio, para adquirir los conocimientos necesarios y lograr los medios precisos.

Potencia y contingencia

Pasemos a considerar algunas de las reflexiones que la historia de la filosofía nos ha dejado sobre lo posible.

Para **Aristóteles**, *"algo es posible si al pasar al acto del cual se dice que este algo tiene la potencia, no resulta de ello ninguna imposibilidad"*. **El concepto de posibilidad estaría vinculado al de potencia,** que es un concepto dinámico en cuanto determina la capacidad de cambio para pasar a otro estado que estarla latente en el actual.

El concepto aristotélico de potencia como posibilidad indica aptitud, capacidad, poder. Se trata de algo ya puesto, como dispuesto y en-posición-para. Lo posible se instrumentaliza en lo disponible, se hace recurso y medio posibilitante.

Heredera de la tradición aristotélica, **la escolástica** definió *lo posible*, considerándolo como *lo que puede ser, que aún no es.* Muy distinta es la noción de *Hobbes*, para quién *sólo lo real es posible.* Espinosa dirá, invirtiendo esta línea de reflexión, que *lo real es real*

Leibnitz afirma que *lo posible es lo racional*, lo que no implica contradicción, y difiere de *Hobbes* afirmando que *"Existen posibles en número infinito que no se realizan".* Para **Kant** la posibilidad es un modo del juicio, siendo lo posible *"lo que concuerda con las condiciones formales de la experiencia".*

Bergson, volviendo a *Hobbes*, fundamenta lo posible en lo real: *"Hay muchos malentendidos, sobre todo la idea de que lo posible es menos que lo real, y que la posibilidad de las cosas precede a su existencia. (De ser así, las cosas) serian representables con anterioridad; podrían ser pensadas antes de ser realizadas. Pero la verdad es lo contrario... hay más y no menos, en la posibilidad que en su realidad.*

Pues lo posible no es sino lo real, con la adición de un acto del espíritu que lanza la imagen en el pasado una vez que ha sido producida.". "Juzgar que lo posible no presupone lo real es admitir que la realización añade algo a la mera posibilidad"... "es lo real lo que se hace posible y no lo posible lo que se hace real". Como consecuencia, no sería la posibilidad un estado previo al de la realidad ni lo real un resultado de lo posible; lo cual no es contradictorio conque **lo posible corresponda a la ausencia de obstáculos insalvables para su realización.** El contenido del concepto "posible" se vacía, de forma que **lo significativo es la** imposibilidad, cuya referencia es **el conjunto de restricciones que hacen inviable algo.**

Posible es sinónimo de factible, lo cual no equivale a una preexistencia virtual ni se da como atributo implícito ni como potencialidad en nada existente, ya que corresponde a una ausencia: la **ausencia de restricciones**. Toda realización requiere la concurrencia de un elevado número de causas y nunca se reduce al desarrollo de una única potencia aislada. La configuración de **lo posible es una fase de la realización de algo no-imposible,** consistente en la identificación y acopio de causas (recursos) para su ejecución, junto con la eliminación de obstáculos.

Lo posible, por consiguiente, no se descubre, sino que se configura mediante una acción del entendimiento, para integrarse como ingrediente de la acción subsiguiente que lo realiza. Considerar lo posible como contingente es considerar lo que puede ser y puede no ser, lo que no es implícitamente necesario, lo que necesita de una causa para ser y, de darse ésta, es posible que sea. **La contingencia de lo posible lleva asociados los conceptos de probabilidad, eventualidad y riesgo.** La necesidad de un agente causal en lo contingente da un matiz a lo posible de ser facultativo, aleatorio o casual. La casualidad, la fortuna y la suerte se implican así con lo posible, en su contingencia.

Lo posible contingente se encuentra delimitado tanto por lo necesario como por lo imposible. Debemos distinguir entre lo no posible y lo imposible, Mientras **lo imposible *es irremediablemente invia-***

ble, lo no posible *es un imposible coyuntural que podría hacerse posible* si se eliminan las dificultades que impiden su realización.

Por ejemplo, cuando el **Presidente Kennedy** anunció al mundo su intención de enviar un hombre a la luna, *viajar a la lima no era posible,* (por falta de tecnología y medios adecuados) *pero, como se pudo demostrar, no era imposible* (si se cuenta con los medios debidos).

Resumen y conclusión

Este libro se podría resumir en 8 verbos:

- Pensar
- Visualizar
- Documentar
- Decidir
- Planificar
- Realizar
- Controlar
- Rectificar

Pensar es propio del ser humano. El pensamiento estratégico ha de ser un pensamiento creativo y previsor, visionario. La mejor manera de ser creativo es preguntarnos a nosotros mismos las dudas que nos surjan, con la seguridad de que todo ser humano es capaz de contestarse a sí mismo las preguntas que se hace y ser capaz de obtener respuestas razonables.

Visualizar *es la mejor forma de anticipar el futuro.* En estrategia hay dos anticipaciones a realizar:

- Prever *cómo puede evolucionar el futuro* y, como se preguntaba Kant, preguntarnos ¿qué nos cabe esperar?
- Prever *que deberíamos hacer nosotros y cómo, para alterar el futuro previsible.* Como empresarios, debemos visualizar los objetivos a alcanzar, las tareas a emprender, los recursos que

vamos a necesitar y la manera de disponer de esos recursos y hacerlos productivos con el fin de trazar ***una línea de acción.***

Documentar es buscar la información necesaria para poder realizar nuestros planes con conocimiento de la situación real a la que nos enfrentamos.

Decidir es la base de la gestión y esencia de la dirección. En esta fase hay que:

* Definir objetivos
* Seleccionar recursos
* Definir tareas
* Trazar una línea de acción

No hay objetivos para todas las empresas, cada empresa tiene los suyos. El beneficio es una restricción para poder sobrevivir. Sobrevivir es una restricción para poder alcanzar los objetivos a largo plazo

Planificar es la mejor forma para conseguir que nuestros proyectos tengan éxito. Fundamentalmente consiste en secuencializar las tareas a lo largo del tiempo, identificando las que pueden realizarse en paralelo y las que dependen de otras tareas estén terminadas para poder comenzar, debiendo ser realizadas en serie. Además hay que estimar los tiempos de duración y asignar los recursos necesarios para ser realizadas y asignar tareas a los responsables de ejecutarlas.

Realizar *es pasar a la acción,* haciendo que nuestros planes se hagan realidad.

Controlar es ir evaluando los resultados y valorar el éxito de nuestras acciones, analizando las desviaciones que puedan haber surgido entre la realización y la planificación, evaluando las causas.

Corregir supone procurar que los resultados no deseados se puedan corregir o, mejor aún, evitar.

El arte de negociar

Al llevar a cabo una negociación se pueden adoptar **dos posturas, *la intransigente (no cedo) y la transigente (cedo)*.** Y es bueno saber que en una negociación hay que ceder, y en qué se puede ceder.

Si representamos las posturas de dos personas en una negociación podemos obtener la siguiente tabla:

Tabla 1: **Posiciones posibles a tomar por dos negociadores**

Otro	*Cede*	Ganas tú. Pierde el otro	Ambos ganan	
	No Cede	Confrontación	Pierdes tú. Gana el otro	
		No cede	*Cede*	**Nosotros**

Existen dos **tipos de negociación** :
- *Juegos de suma cero*: Si uno gana el otro pierde. Dificulta la negociación.
- *Juegos de suma no cero:* Puede ocurrir que ambos ganen, ambos pierdan, o que uno gane y otro pierda en diferentes proporciones. Facilitan la negociación.

El arte está en encontrar variables alternativas para que el juego no sea de suma cero. Por ejemplo, en toda transacción de compra-venta el precio configura un juego de suma cero, pero la forma de pago es más fácilmente negociable, pues las necesidades de liquidez de las partes no tienen por qué ser las mismas. En más de una ocasión he cedido en el precio a cambio de alterar los plazos del pago.

Otra cosa a tener en cuenta es que no hay posibilidad de negociación si no hay intención de ceder. A la cesión hay que imponerle dos restricciones:

1. El negociador ha de tener libertad para negociar. La presión del grupo ancla en posturas radicales[43].
2. La comunicación, durante la negociación, permite llegar a un acuerdo.

Como conclusión final, os recomiendo que no dejéis de probar en vuestras empresas las recomendaciones que hayáis encontrado interesantes en el libro o en alguno de los libros de la bibliografía.

Valoración de empresas

El precio se define como *un equilibrio entre el importe mínimo a lo que el vendedor está dispuesto a vender y lo máximo que el comprador quiere o puede pagar.*

Existen diversas formas de *fijar precios*[44]. Una de las más comunes es *añadir al coste un margen de beneficio.*

Otro método es el de **calcular el Valor Presente** de los rendimientos esperados de la inversión.

Sabemos que los intereses anuales **I** de un capital inicial C_0 son:

$$I = C_o t$$

Como nos enseñaron en la escuela: **El interés es igual al capital por el rédito por el tiempo.**

Además, esta cantidad de dinero se revaloriza continuamente gracias a los intereses acumulados, y así podemos ver que en los sucesivos periodos:

---

[43] Existe un ejercicio en el que se aísla a dos equipos y cada uno se pone de acuerdo en algo. Después se escoge un representante de cada equipo y se les pone a negociar, con su grupo detrás. Los dos representantes nunca llegan a un acuerdo, debido a la presión del resto del grupo sobre ellos.

De En otro ejercicio se ponían dos personas en sendas cabinas, y un tablero en la mitad. Si uno metía una bola dentro del agujero del otro recibía \$1 y cada jugador podía impedir la acción del otro. La experiencia demostraba que cuando les dejaban comunicarse, todos se repartían el dólar, pero en ausencia de comunicación, nadie ganaba.

[44] Las prácticas de DUMPING tienen normalmente márgenes negativos (costes>precios), y normalmente están prohibidas por ley.

$$C_1 = C_0 + I = C_0 + C_0 i = C_0(1+i)$$
$$C_2 = C_1(1+i) = C_0(1+i)(1+i) = C_0(1+i)^2$$
$$\ldots$$
$$C_t = C_{t-1}(1+i) = \ldots = C_0(1+i)^n$$

Estas fórmulas para el interés suponen que i es el rédito en tanto por uno y que el tiempo está en años. La fórmula correspondiente para el tiempo en meses es:

$$C_t = C_0(1+\frac{i}{2})^{2 t}$$

Donde t es el número de años contemplados.

Esta fórmula indica que el dinero se va revalorizando en el tiempo según esta regla. Pero lo importante es lo contrario. Es decir, cuánto vale ahora el dinero que en el tiempo **t** valdría **Ct.**

Eso se puede expresar por **el valor presente (VP):**

$$P = C_0 = \frac{C_t}{(1+i)^t}$$

El valor presente (VP) será la suma con su signo del desembolso de cualquier período descontado al día de hoy:

$$P = \sum \frac{C_t}{(1+i)^t}$$

El valor presente de un proyecto se compara con el valor presente de otro u otros y así cogemos el proyecto que más nos favorezca.

En cuanto al tipo de interés **i** hemos de coger al menos el tipo de interés que nos va a costar financiar este proyecto dependiendo de su financiación externa. Es decir que, como mínimo, hemos de coger el interés que nos carga el banco. El proyecto será rentable cuando su **Tasa Interna de Rentabilidad** sea superior al coste del dinero invertido, ya que todo proyecto conlleva un riesgo añadido con el que hay que contar.

Si evaluamos un proyecto que proporciona un beneficio anual constante B y consideramos que el negocio se mantendrá a lo largo de mucho tiempo, su valor presente sería la suma:

$$P = \sum \frac{B}{(1+i)^t}$$

aplicando la fórmula de la suma de los términos de una serie geométrica obtenemos:

$$S = \frac{\dfrac{B}{(1+i)^n} * \dfrac{1}{(1+i)} - B}{\dfrac{1}{1+i} - 1}$$

Tomando límites cuando n tiende a infinito, obtenemos:

En el límite S = B/i recordemos que **i** *es el tipo de interés en tanto por uno*, un 5%=0,05

El cálculo del valor presente es un buen método para valorar a una empresa.

Las previsiones de un negocio deben hacerse siempre en dos fases: primero en unidades físicas (cuanto acero, cuántos coches, cuantos metros cuadrados...) para luego aplicar los precios y valorar ingresos y gastos monetariamente, de esta manera, si cambian los precios, podamos recalcular nuestras estimaciones. Con este criterio tenemos que hacer frente a dos incertidumbres: que los precios sean distintos a los utilizados en el cálculo, o que sean diferentes las previsiones realizadas.

Vamos a ir enumerando, **diferentes métodos con los que podemos valorar una empresa**

Son los siguientes:

i. El **Valor Presente** (VP).

ii. En el caso de que tengamos una renta indefinida o **un beneficio B**, el valor **S=B/i** nos da una estimación del valor de la inversión. Se asumen como suposiciones que el rendimiento de la empresa en valor real es constante, y que la empresa va a tener una larga vida. El valor B nos indica el importe de los rendimientos anuales fijos que esperamos obtener.

iii. En empresas de servicios (incluidas las constructoras) una regla heurística para obtener una valoración rápida de la empresa es la **Facturación Anual.**

iv. Si la empresa cotiza en Bolsa, otra forma de evaluarla es por su **Valor Bursátil**, que es el producto del nº de acciones de la empresa por el precio al que cotiza cada acción en bolsa.

v. Otra forma de valorar una empresa es por su **Valor Bancario**: es el caso de una empresa que se hipoteca al obtener préstamos. Posteriormente entra en quiebra y es embargada por el banco.

Desde el punto de vista del Banco, le interesa recuperar el préstamo que ha hecho. Por eso el valor bancario equivale o es un poco superior al coste del préstamo que dio.

- *El Valor Contable* de una empresa es lo que figura en los libros como la *suma del Capital y las Reservas.* Es lo que contablemente vale la empresa, según sus libros.

- *El Valor de Creación* de una empresa responde a la siguiente pregunta: Si tuviera que montar una empresa como la que voy a comprar, *¿cuánto me costaría montar hoy la empresa desde cero?* Dicho coste es el Valor de Creación de esa empresa.

Este dato no es muy bueno para empresas de servicios, pues tienen poco equipamiento y mucho *know-how*. Sin embargo, para empresas como CAF, el **valor de creación,** al que habría que añadirle el valor de su cartera de clientes y el valor de la marca, sería más representativo de su valor real.

- El **Valor de Desmantelamiento** es lo que va a costar echar al personal, demoler los edificios e instalaciones, recibir el dinero por los terrenos y demás activos ,... El valor de desmantelamiento de los activos por separado es, en muchos casos, mayor que el de la propia empresa.

- El **Valor de Mercado** es el verdadero valor de la empresa ya que es lo que un comprador está dispuesto a pagar por ella. Es conveniente que haya varios compradores para poder obtener un precio de mercado más justo.
- El **Tipo Anual Equivalente (TAE)** es el valor de i si conocemos el valor presente (VP o C_0) y el valor de Ct.

$$P = \sum \frac{C_t}{(1+i)^t}; i = TAE$$

Sabiendo los beneficios que se desean obtener, se calcula el TAE para esos beneficios. Se fija el TAE que se quiere para esos beneficios.

- El **Break Even,** o punto de equilibrio es un concepto temporal, nos dice *que tiempo tengo que esperar para empezar a tener beneficios.*

Se ha de conseguir que en un tiempo que se fija (Break Even) o punto de equilibrio, en el que *los ingresos igualan a los gastos y se empiecen a obtener beneficios.*

El Break Even nos dice donde se ha de fijar el importe de la empresa como coste inicial de forma que el tiempo para que los ingresos superen a los gastos (para que empiece a haber beneficios) sea un tiempo determinado (por ejemplo, cinco años).

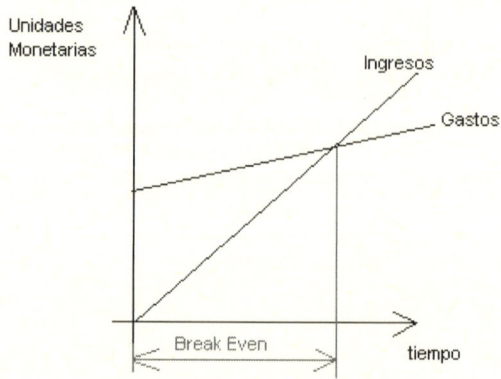

- **Tiempo de retorno** Es el tiempo que he de esperar para recuperar la inversión desde la fecha en que la hice.
- Otra forma de valorar una empresa es a través del **PER**[45]:

Por tanto, el Beneficio x PER es otra forma de valorar una empresa.

Si la empresa en cuestión no cotiza en bolsa, se puede utilizar, para su evaluación, el PER medio del sector y multiplicarlo por los beneficios de la empresa:

El PER (Price Earnings Ratio) es la relación entre el precio de una empresa y los beneficios anuales que genera. Los niveles de PER medios suelen estar entre 10 y 20, para empresas estables o en crecimiento medio. Las empresas en decrecimiento tiene un PER inferior a 10 y las de alto crecimiento cuentan con un PER superior a 20. Un PER superior a 25 suele estar sobrevalorado.

---

[45] Si la empresa no cotiza en Bolsa se puede tomar como PER el de la media de las empresas de su sector que coticen en Bolsa (por ejemplo,. el de las constructoras si nuestra empresa es constructora)

Conclusión

A lo largo de este libro, hemos realizado un viaje exploratorio por los pilares fundamentales de la estrategia empresarial en el siglo XXI. Nos hemos sumergido en los conceptos de *competitividad e innovación,* analizando su relevancia crítica, sus factores determinantes y las metodologías más efectivas para desarrollarlas.

Uno de los aprendizajes centrales que emerge de estas páginas es que, en el entorno volátil y complejo que enfrentamos, *la estrategia* ya no es un lujo, sino *un imperativo para la supervivencia* y el progreso. Aquellas organizaciones que no sean capaces de desarrollar una estrategia adaptativa, que combine un propósito claro con la agilidad necesaria para pivotar ante los cambios, están condenadas a la irrelevancia.

Hemos visto que *la competitividad*, lejos de ser un atributo estático, es *una capacidad dinámica* que se construye día a día, a través de la excelencia operativa, la diferenciación y la creación de valor único. Esto requiere un análisis constante del entorno y de las propias fortalezas y debilidades, así como la habilidad para tomar decisiones informadas y audaces.

Asimismo, ha quedado claro que *la innovación* no es una opción, sino una necesidad imperiosa en un mundo sediento de novedad y disrupción. Pero la innovación no se da por casualidad; requiere de una cultura que fomente la creatividad, el emprendimiento y la experimentación, así como de procesos robustos de pensar, crear prototipos, desarrollar y realizar.

A nivel personal, mi experiencia como consultor me ha enseñado que los líderes que marcan la diferencia son aquellos que abrazan la incertidumbre como oportunidad, que tienen el coraje de cuestionar los paradigmas establecidos y que inspiran a sus equipos a dar lo mejor de sí en pos de *una visión ambiciosa*. Pero quizás la conclusión más importante es que *el conocimiento sin acción es estéril*. De nada sirven los modelos y herramientas más sofisticados si no se ponen en práctica con determinación y constancia. Por eso, mi invitación final es a convertir los aprendizajes de este libro en un trampolín para la acción decidida.

Si eres un emprendedor, usa estos conceptos para dar forma a esa idea disruptiva que cambiará las reglas del juego. Si eres un directivo, aprovecha estas reflexiones para repensar el rumbo de tu organización y llevarla a nuevas cotas de competitividad. Si eres un estudiante o profesional en desarrollo, haz de estos principios y de los que puedes encontrar en los excelentes y muy recomendables libros que encontrarás en la bibliografía, tu brújula para construir una carrera signada por la excelencia y el impacto.

El futuro pertenece a los estrategas comprometidos, a los innovadores audaces, a los que se atreven a desafiar lo establecido y a perseguir lo extraordinario. ¿Te atreves a ser uno de ellos? El momento de actuar es ahora. Convierte la estrategia en tu aliada, haz de la *competitivida*d tu norte y de la *innovación* tu sello distintivo. El mundo está esperando a los próximos generadores del cambio y creadores del futuro. ¿Por qué no ser tú uno de ellos?

Bibliografía

Von Clausewitz. On War

Igor Ansoff. La Estrategia de la Empresa

Igor Ansoff. Strategic management

Alonso Baguer. Estrategia

José Perez Moya. Manual de Estrategia y Gestión

A.D. Chndler Jr. Strategy and Structure

H.A. Simon. The New Science of Management Decisions

H.A Simon y A. Newell. Heuristic Problem Solving

W. Reitman. Heuristic Decision Procedures

Jose Ramón Pin. Las debilidades de la economía española

André J. Martin. DRP Planificación de recursos de distribución de Empresas

Charles Handy. La organización por dentro

Steve Franzmeiner. Alcanzando la excelencia mediante el servicio al Cliente

Joel Brandon. Reingeniería

Henry Ford. My Life and Work.

Louis Putterman. La naturaleza económica de la empresa

Luis Diez de Castro. Ingeniería financiera

Nicola Cacace. Nuevas profesiones y empleo en el cambio de siglo

José Mª Rodríguez Porras. El factor humano en la empresa

Luis Mª Huete. Hacia un nuevo paradigma de Gestión

Denis Ryan. Manual de Dirección por objetivos

Paul Sherloch. Reinventando el Marquetin de empresa a empresa

Jürgen Habennas. Teoría de la acción comunicativa.

Alfred P. Sloan. My Years with Motors

Adam Smith, La riqueza de las naciones.

A.J.Barker, Midway, momento crítico.

Gary Hamel . Humanocracy: Creating Organization As Amazing as People Inside Them

Sir Ken Robinso. Encuentra tu elemento (sobre creatividad)

Peter F, Drucker. El ejecutivo eficaz

Louis Pasteur. Antología

Isrrael Kirzner. Competencia y empresarialidad

Kuhn. Las revoluciones científicas

Israel M. Kiuner, How Markets work

Bergson. La evolución creadora.

Carlos del Ama. Economía con karma

Índice